W0468245

Texte, Themen und Strukturen

Arbeitsheft

Die Facharbeit:
Von der Planung zur Präsentation

Herausgegeben von Bernd Schurf

Erarbeitet von Gerd Brenner

Cornelsen

Inhaltsverzeichnis

1 Was ist eine Facharbeit?

Facharbeit – eine Übersicht

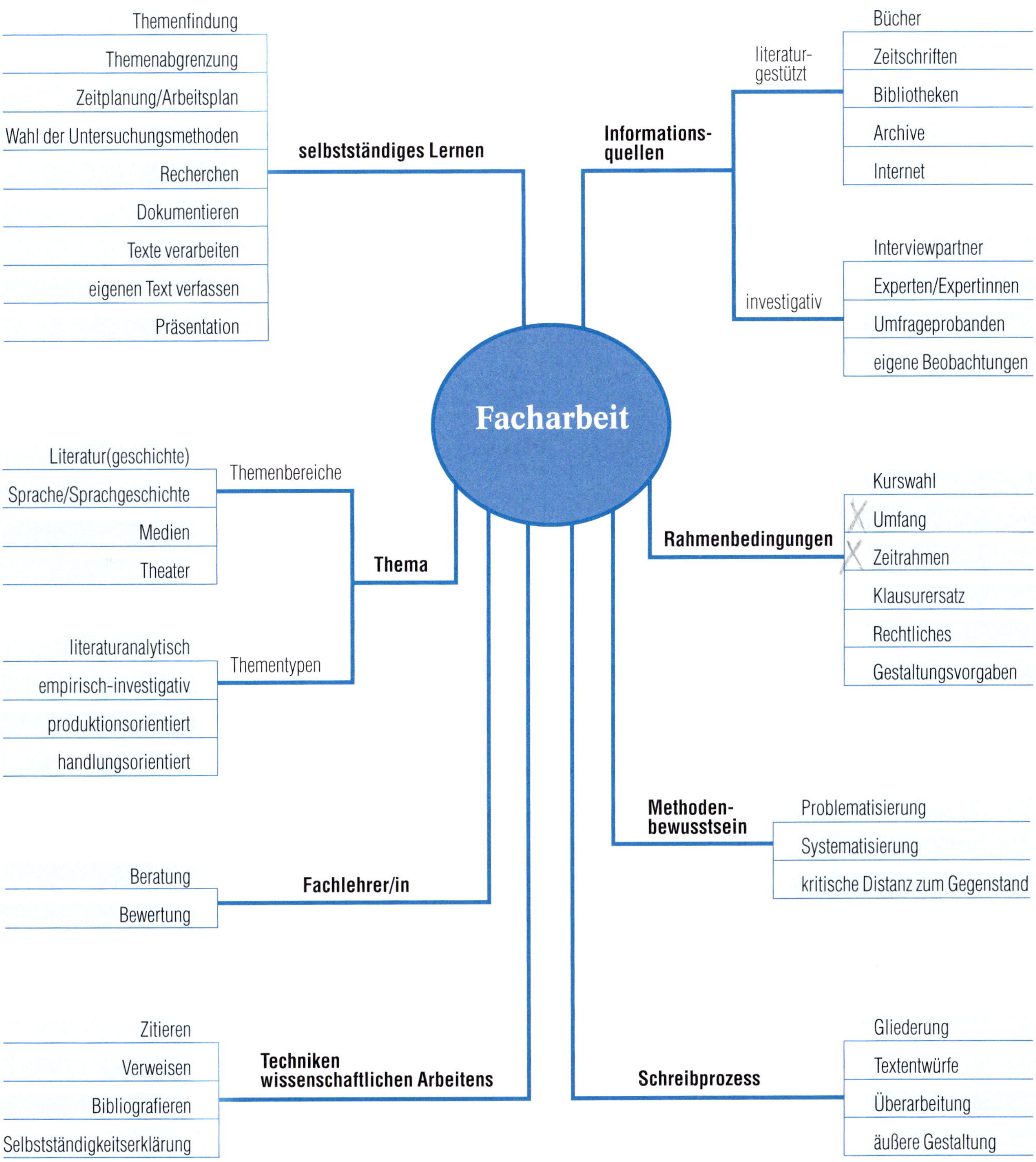

1. Denken Sie sich mit Hilfe dieser Mind-Map in das hinein, was mit einer Facharbeit auf Sie zukommt.

2. Markieren Sie diejenigen Bereiche, in denen Sie für sich zunächst Schwierigkeiten vermuten oder in denen Sie weitere Informationen benötigen.

Warum eine Facharbeit?

Selbstständiges wissenschaftliches Arbeiten schon in der Schule zu lernen, das ist der zentrale Sinn einer Facharbeit. Die Schülerinnen und Schüler sollen auf die Anforderungen wissenschaftlichen Arbeitens an den Universitäten vorbereitet werden. Zum Beispiel heißt es in den Richtlinien des Landes Nordrhein-Westfalen für das Fach Deutsch:

Info

Selbstständiges Lernen und Arbeiten

Wissenschaftspropädeutisches Lernen (in die Wissenschaft einführendes Lernen) ist methodisches Lernen. Es zielt darauf hin, dass die Schülerinnen und Schüler grundlegende wissenschaftliche Erkenntnis- und Verfahrensweisen systematisch erarbeiten.
Der Unterricht muss daher so gestaltet werden, dass die Schülerinnen und Schüler lernen, eine Aufgabenstellung selbstständig zu strukturieren, die erforderlichen Arbeitsmethoden problemangemessen und zeitökonomisch auszuführen, Hypothesen zu bilden und zu prüfen und die Arbeitsergebnisse angemessen darzustellen.

Systematisch und planvoll arbeiten

Eine besondere Herausforderung ist, dass Facharbeiten in hohem Maße selbstständig verfasst werden sollen. Als Schüler oder Schülerin müssen Sie dabei wesentliche **Planungen** und **Problemlösungen** in Eigenregie, also ohne die laufende Begleitung durch einen Lehrer oder eine Lehrerin bewältigen. Ihr Fachlehrer bzw. Ihre Fachlehrerin steht Ihnen nur beratend zur Seite. Damit Sie die umfangreiche Arbeit, die auf Sie wartet, sinnvoll organisieren und zielgerichtet voranbringen können, erhalten Sie Anregungen und Tipps zu folgenden Arbeitsschritten:

2 Die Facharbeit planen

2.1 Die Rahmenbedingungen klären

Tipp

Schüler/innen und Fachlehrer/innen können Facharbeiten nicht völlig frei vereinbaren. Je nach Bundesland gibt es unterschiedliche Rahmenbedingungen, die allen Beteiligten vorgegeben sind. Besorgen Sie sich in Ihrer Schule entsprechende Unterlagen. Wenn Sie die Rahmenbedingungen für die Facharbeit frühzeitig abklären, können Sie zielstrebiger planen.

1. Klären Sie anhand der folgenden Checkliste, in welchem Rahmen Sie sich mit Ihren eigenen Überlegungen zur Facharbeit bewegen können: Notieren Sie in der dritten Spalte die Festlegungen, die in Ihrer Schule gelten, und in der vierten Spalte, was Ihnen nach der Lektüre der schulischen Unterlagen noch unklar erscheint.

2. Besprechen Sie die Punkte, bei denen noch Klärungsbedarf besteht, mit Ihrem Beratungs- oder Fachlehrer/Ihrer Beratungs- oder Fachlehrerin. Sorgen Sie dafür, dass jeweils eine verlässliche Entscheidung getroffen wird. Notieren Sie diese Entscheidungen in der rechten Spalte der Tabelle.

Was bei der Planung zu beachten ist	Hinweise zu möglichen Vorgaben	Festlegungen, die sich aus den Unterlagen der Schule ergeben	Was noch zu klären ist	Ergebnisse des Gesprächs mit Beratungs- und/oder Fachlehrer/in
Kurswahl	Die Schule kann festlegen, dass die Facharbeit nur in Leistungskursen geschrieben werden kann. In vielen Schulen gibt es bei der Anzahl der Facharbeiten pro Fachlehrer/in Obergrenzen (z. B. sechs Arbeiten pro Lehrer/in).			
Themenfindung	In der Regel schlagen Schüler/innen Themen vor und die Fachlehrer/innen präzisieren sie und sorgen für die Berücksichtigung fachlicher Standards in der Themenstellung (▶ „Anforderungen an das Thema", S. 7).			

Was bei der Planung zu beachten ist	Hinweise zu möglichen Vorgaben	Festlegungen, die sich aus den Unterlagen der Schule ergeben	Was noch zu klären ist	Ergebnisse des Gesprächs mit Beratungs- und/oder Fachlehrer/in
Fachübergreifende Themen	Facharbeiten können in vielen Schulen die Grenze eines Faches überschreiten, wenn ein Lehrer/eine Lehrerin eines anderen Fachs sich an Beratung und Bewertung beteiligt.			
Umfang	Der Umfang einer Facharbeit ist begrenzt. Es gibt Mindest- und Maximalumfänge, z. B. einen Maximalumfang von zwölf PC-Seiten für Leistungskurs- und von acht Seiten für Grundkurs-Arbeiten (jeweils ohne Anhang). Oft wird dabei die Seitenfüllung (Schriftgröße etc.) vorgegeben.			
Formale Vorgaben	Viele Schulen machen für Facharbeiten eine ganze Reihe formaler Vorgaben (▶ S. 8 f.).			
Zeitrahmen	Der Zeitrahmen ist je nach Bundesland sehr unterschiedlich: in Bayern bis zu einem Jahr, in NRW 16 bis 18 Wochen. Abgabetermine sind in der Regel verbindlich.			
Arbeitsphasen	Beispielsweise können je sechs Wochen für die Themensuche, die Informationsbeschaffung und für das Schreiben vorgesehen sein.			
Klausurersatz	Nach Festlegung durch die Schule wird in der Regel eine Klausur durch die Facharbeit ersetzt.			
Einzel- und Gruppenarbeit	Gruppenarbeit ist nur dann möglich, wenn die Einzelleistungen abgrenzbar und getrennt beurteilbar sind.			
Beratung	Eine Beratung erfolgt in der Regel nach Absprache durch den/die Fachlehrer/in mehrmals in allen Arbeitsphasen (▶ S. 93 f.).			

Was bei der Planung zu beachten ist	Hinweise zu möglichen Vorgaben	Festlegungen, die sich aus den Unterlagen der Schule ergeben	Was noch zu klären ist	Ergebnisse des Gesprächs mit Beratungs- und/oder Fachlehrer/in
Rechtliches	Dass die Arbeit selbstständig angefertigt wurde, muss in einer formellen Erklärung zugesichert werden (▶ S. 9). Wird die Eigenständigkeit der Leistung angezweifelt, kann ein Kolloquium angesetzt werden, in dem man nachzuweisen hat, dass man den Inhalt der Facharbeit plausibel und kompetent vertreten kann.			
Arbeits-bericht	Ein Bericht soll den Arbeitsprozess dokumentieren und ist Begleitdokument der Facharbeit. Bei den Beratungsgesprächen wird der jeweilige Stand des Arbeitsberichts mitgebracht (▶ S. 92).			
Benotung	Zu den Beurteilungskriterien für Facharbeiten: ▶ S. 95			

Anforderungen an das Thema

Nicht jedes interessante Thema eignet sich für eine Facharbeit. Eine solche Arbeit muss bestimmten Qualitätskriterien genügen. Sie sollte

- auf eine bestimmte Fachdisziplin (Schulfach) bezogen sein,
- fachmethodisches Arbeiten ermöglichen (je nach Fach verschieden gewichtete Kombinationen aus: Quellenarbeit, Textanalyse, Recherchen und ihren Auswertungen, Analysen von Statistiken, Tabellen etc., Experimenten und ihren Auswertungen etc.) und
- für den Bearbeiter/die Bearbeiterin eine neue Herausforderung darstellen.

Der Fachlehrer/die Fachlehrerin wird also zu verhindern versuchen, dass Sie ein abgegriffenes Allerweltsthema wählen, zu dem Sie Dutzende von Seiten aus dem Internet herunterladen oder aus Büchern abschreiben könnten. Erwartet wird eine eigenständige geistige Anstrengung.
Der Fachlehrer/die Fachlehrerin wird bei der Formulierung des Themas darauf achten, dass ein bestimmtes fachliches Niveau der Arbeit erwartet werden kann. Anderseits wird er/sie auch dafür sorgen müssen, dass Sie mit dem Thema nicht überfordert werden. Zu berücksichtigen ist außerdem, dass Fachlehrer/innen sich nicht in jedem (Neben-)Thema ihres Faches so auskennen, dass Sie sich eine Beratung und Beurteilung ohne Weiteres zutrauen. Bei einigen Themen, die Sie vorschlagen, werden Sie deshalb vielleicht auf Zurückhaltung stoßen.
Näheres zur Themenwahl finden Sie im Kapitel „Das Thema finden und abgrenzen“ (▶ S. 10 ff.).

Formale Vorgaben

Formale Vorgaben für die Facharbeiten sind sinnvoll, damit die Leistungen der Verfasserinnen und Verfasser verglichen werden können. Zum Beispiel sollte die Seitenfüllung (Schriftgröße, Zeilenabstände, Zeilen pro Seite) vergleichbar sein, sonst haben Umfangvorgaben keinen Sinn. Außerdem können über solche formalen Vorgaben einige Standards festgelegt werden, die in ähnlicher Weise auch für andere Arbeiten mit wissenschaftlichem Anspruch gelten.
Eine Liste formaler Anforderungen wie die folgende existiert in ähnlicher Weise an vielen Schulen.

1. Vergleichen Sie die Festlegungen in dieser Liste mit denen an Ihrer Schule. Streichen Sie bei Abweichungen die Angaben in dieser Liste und schreiben Sie die Anforderungen Ihrer Schule daneben.

2. Falls es an Ihrer Schule keine entsprechende Liste gibt, klären Sie, ob diese Liste Ihnen als Orientierung dienen kann.

Checkliste der formalen Anforderungen		abweichende Anforderungen an meiner Schule
Titelblatt	mit Name, Thema, Fach und Datum	
Schreibweise	mit dem PC	
Format	DIN A 4, einseitig beschrieben	
Schrift	Times New Roman	
Schriftgröße	12 pt	
Zeichenabstand	normal	
Zeilenabstand	1,5	
Ränder: oben	2,5 cm	
unten	1,2 cm	
links	3,5 cm	
rechts	2 cm	
Heftung	Schnellhefter oder Klebebindung	
Seitenzählung und Nummerierung		
Titelblatt	zählt als Seite 1, wird nicht nummeriert	
Inhaltsverzeichnis	zählt als Seite 2, wird nicht nummeriert	
folgende Textseiten	jeweils oben in der Mitte nummeriert, mit - 3 - beginnend	
in den laufenden Text integrierte Materialien (Tabellen, Diagramme, Illustrationen etc.)	in die Seitenzählung einbezogen	
Anhang (z. B. Arbeitsprozessbericht, ► S. 92)	in die Seitenzählung einbezogen, aber deutlich abgesetzt und auf einer neuen Seite beginnend	
Quellen-/Literaturverzeichnis	vorletzte nummerierte Seite(n)	
Selbstständigkeitserklärung des Verfassers/der Verfasserin	letzte nummerierte Seite	

Checkliste der formalen Anforderungen		abweichende Anforderungen an meiner Schule
Gliederung	Absätze mit Zwischenüberschriften (bei mehreren Hierarchieebenen verschiedene Schriftgrößen oder -typen)	
Klassifikation der Abschnitte	gemischte oder Dezimalklassifikation (▶ S. 67 f.)	
Quellenangaben		
im laufenden Text	in einer einheitlichen gekürzten Form (▶ S. 70) mit Seitenangabe	
im Quellenverzeichnis	vollständige bibliografische Angabe (▶ S. 80 ff.)	

Tipp

Bereits vor Schreibbeginn am PC sollten einige Formatierungen vorgenommen werden. Dazu im Folgenden die Angaben für das Schreibprogramm „Word" von Microsoft:

- Seitenränder: DATEI ▶ SEITE EINRICHTEN
- Seitenzahlen: EINFÜGEN ▶ SEITENZAHLEN ▶ OBEN ZENTRIERT
- Zeilenabstand: FORMAT ▶ ABSATZ ▶ ZEILENABSTAND: 1,5 Zeilen

Selbstständigkeitserklärung

Am Ende einer Facharbeit bestätigen Sie mit Ihrer Unterschrift, dass Sie die Arbeit selbstständig verfasst haben. Das bedeutet insbesondere, dass alle Informationen, die Sie aus Fremdtexten übernommen haben, auch klar gekennzeichnet sein müssen. Von anderen übernommene Ergebnisse auszuweisen ist ein zentraler wissenschaftlicher Standard. Besonders mit Zitaten (▶ S. 69 ff.) müssen Sie sorgfältig umgehen. Ihre Leistung kann Ihnen aberkannt werden, wenn Sie (fast) wörtliche Übernahmen aus anderen Texten nicht kenntlich machen. Das gilt ausdrücklich auch für Texte, die Sie aus dem Internet übernehmen. Die übliche von Ihnen erwartete Erklärung lautet:

Erklärung:

Ich erkläre, dass ich die Facharbeit ohne fremde Hilfe angefertigt und nur die im Literaturverzeichnis angeführten Quellen und Hilfsmittel benutzt habe.

____________________ ____________________

(Ort und Datum) (Unterschrift)

2.2 Das Thema finden und abgrenzen

Bevor Sie mit der eigentlichen Arbeit beginnen, werden wichtige Entscheidungen getroffen, und zwar

- zum Thema,
- zur Reichweite des Themas,
- zu zentralen Problemstellungen, die bearbeitet werden sollen,
- evtl. auch zu den Materialien (Texten, Filmen, statistischen Daten etc.), die Sie auf jeden Fall berücksichtigen sollen.

Themen-Typen

Die folgende Übersicht informiert Sie darüber, welche verschiedenen Arbeitsschwerpunkte Sie mit einer Facharbeit setzen können.

1. Markieren Sie auf den Seiten 10–13 diejenigen Möglichkeiten, die Ihnen zusagen. (Die konkreten Themen sind lediglich **Beispiele;** es sind viele andere Themenstellungen vorstellbar.)

2. Notieren Sie in der rechten Spalte, was Sie zu der jeweiligen Wahl bewogen hat. Kümmern Sie sich hier besonders um den jeweiligen **Typ** der Aufgabenstellung und vorerst weniger um das konkrete Thema.

Thementyp		**Bemerkung**
a) literaturanalytisch	**b) empirisch-investigativ**	**Warum mich das (nicht) interessiert:**
Untersuchung von Primär- und Sekundärliteratur	Erhebung und Auswertung von Daten aus einem bestimmten Bereich der Lebenswelt	______
Hauptsächlich Arbeit mit Texten in Bibliotheken, im Internet etc.	Viel Kontakt mit Menschen (Interviews, Recherchen etc.)	______
Eine bereits vorhandene Materialbasis wird unter bestimmten Gesichtspunkten geprüft und ausgewertet.	Die Materialbasis muss durch eigene Recherchen sichergestellt oder erweitert werden.	______
Primärliteratur wird mit Hilfe vereinbarter methodischer Verfahren untersucht.	Recherche-Material wird mit Hilfe theoretischer Grundlagen aus Bezugswissenschaften eingeordnet.	______
Tendiert eher zur Neuformulierung bereits vorhandener Erkenntnisse.	Lädt eher zum Aufspüren und Bewusstmachen neuer Fakten ein.	______
Die Facharbeit kann sich sprachlich an den untersuchten Texten orientieren.	Untersuchungsergebnisse müssen ziemlich eigenständig versprachlicht werden.	______

Arbeitsbereich: Literatur

	Thementyp		Bemerkung
	a) literaturanalytisch	**b) empirisch-investigativ**	**Warum mich das (nicht) interessiert:**
Schwerpunkt: **Autor/in**	biografische Untersuchung anhand vorhandener Materialien	Bsp.: Interview mit einem Autor/ einer Autorin und Auswertung	
Schwerpunkt: **Einzelwerk**	Inhalts- und Strukturanalyse eines literarischen Textes	Bsp.: Interview mit einem Autor/ einer Autorin und Auswertung	
Schwerpunkt: **Epoche**	literatur- bzw. kulturhistorische Untersuchung anhand vorliegender Materialien	Bsp.: Recherche in lokalen/ regionalen (Zeitungs-)Archiven, Museen etc. und Auswertung	
Schwerpunkt: **Thema/ Motiv**	vergleichende Inhaltsanalyse mehrerer Werke		
Schwerpunkt: **Gattung**	inhalts- und/oder struktur-analytischer Vergleich		

Arbeitsbereich: Sprache und Medien

	Thementyp		Bemerkung
	a) literaturanalytisch	**b) empirisch-investigativ**	**Warum mich das (nicht) interessiert:**
Schwerpunkt: **regionale Sprache**	Untersuchung von Dialektformen in einem bestimmten Gebiet anhand von Heimatjahrbüchern etc.	Bsp.: Recherche der Dialektverwendung in einem Dorf, Stadtteil etc. und sprachwissenschaftliche Analyse von O-Ton-Dokumenten	
Schwerpunkt: **Gruppensprache**	Untersuchung von Jugend-, Börsen- oder sonstiger Szenensprache anhand ausgewählter Fachbücher	Bsp.: Recherche und Analyse der Verwendung von Jugend-, Fußball-, Szenensprache etc. in einer Clique, einem Verein etc.	
Schwerpunkt: **Sprachen im Kontakt**	Bsp.: Untersuchung von Anglizismen im Sport anhand von sprachwissenschaftlichen Fachbüchern	Bsp: Recherche und Analyse der Verwendung von englischem/amerikanischem Vokabular in einer Jahrgangsstufe der Schule etc.	
Schwerpunkt: **Orthografie**	Bsp.: Bewertung der Rechtschreibreform anhand ausgewählter Artikel aus Fachzeitschriften	Bsp.: Reaktionen auf die Rechtschreibreform in einer lokalen Zeitung	
Schwerpunkt: **Ortsnamen**	Bsp.: sprachhistorische Analyse von Ortsnamen der Region (Kooperation mit Erdkunde)	Bsp.: Recherche und Analyse von Alltags-Mythen der Bewohner/-innen zur Bedeutung eines Ortsnamens	
Schwerpunkt: **Internet**	Bsp.: Analyse des Kommunikationsverhaltens im Internet-Chat anhand ausgewählter Fachbücher	Bsp.: Analyse des Kommunikationsverhaltens von Teilnehmer/-innen an einer Chatgroup in einem bestimmten Zeitraum	
Schwerpunkt: **Buch**	Bsp.: Untersuchung des Leseverhaltens 10- bis 15-jähriger Schülerinnen und Schüler anhand ausgewählter Fachbücher	Bsp.: Befragung von 10- bis 15-Jährigen in einer bestimmten Stadt/in einem Ortsteil zur Lektüre von Büchern und Analyse der Ergebnisse	
Schwerpunkt: **Fernsehen**	Bsp.: Analyse der Fernseh-Nutzungsgewohnheiten 13- bis 15-Jähriger im Hinblick auf Talkshows anhand ausgewählter Fachbücher	Bsp.: Befragung von 13- bis 18-Jährigen in Ihrem Wohnort zur Nutzung und Bewertung von Talkshow-Sendungen und Analyse der Ergebnisse	
Schwerpunkt: **Vermittlung von Literatur**	Bsp.: Funktion der Verlage bei der Literaturvermittlung anhand ausgewählter Fachbücher	Bsp.: Interviews mit einem lokalen/regionalen Kleinverleger zu Problemen der Literaturvermittlung und ihre Auswertung	

Handlungs- und produktionsorientierte Themen/Themenanteile

Außer literaturanalytischen und empirisch-investigativen sind auch produktions- oder handlungsorientierte Themenstellungen möglich. Vermutlich werden Sie an Ihrer Schule nur in geringerem Umfang Möglichkeiten für solche Facharbeiten geboten bekommen.
Häufiger wird es möglich sein, einige der oben genannten Thementypen um handlungs- und/oder produktionsorientierte Komponenten zu erweitern.

	Thementyp		Bemerkung
	c) produktionsorientiert	**d) handlungsorientiert**	**Warum mich das (nicht) interessiert:**
	Voraussetzungen: Gestaltungsinteresse und Erfahrungen mit kreativen Gestaltungen	Voraussetzungen: Planungsinteresse und Erfahrungen mit Organisationsabläufen	
	Ergebnis von kreativen Einfällen im Arbeitszeitraum abhängig	Ergebnis vom eigenen Organisationstalent sowie von der Kooperationsbereitschaft der Ansprechpartner abhängig	
Schwerpunkt: **Theater**	Bsp.: Gestaltung eines Programmhefts zur Schultheateraufführung der Schule	Bsp.: Inszenierung eines Theaterstücks/einer Szenenfolge mit Schüler/innen der Schule und Reflexion des Projekts	
Schwerpunkt: **Lyrik**	Bsp.: Ein Lesetagebuch zu einer bestimmten Gedichtsammlung mit Hilfe ausgewählter Verfahren des kreativen Schreibens	Bsp.: Vorbereitung und Durchführung eines Literaturcafés mit Präsentation lyrischer Texte aus dem Literaturkurs der Schule und Reflexion des Projekts	
Schwerpunkt: **Autor/in**	Bsp.: Gestaltung von Stellwänden zu Leben und Werk eines Autors/einer Autorin mit dessen/deren Texten und mit eigenen Texten	Bsp.: Planung und Durchführung einer „Litera-Tour" zu einer Autorin/einem Autor in der Region für einen Deutschkurs sowie Reflexion des Projekts	

3 Formulieren Sie nun anhand Ihrer Stichworte aus der Übersicht (▶ S. 10–13) möglichst genau die Interessen, die Sie mit einer Facharbeit verbinden. Welcher Thementyp reizt Sie am meisten?
Nehmen Sie diese Interessendefinition in ein erstes Planungsgespräch mit dem Fachlehrer/der Fachlehrerin mit (▶ S. 93).

Meine Interessen:

Ich stelle mir eine Arbeit vor, die ______________________________

Meine Motivation

Tipp

Wenn Sie sich eine umfangreiche Arbeit vornehmen, sollte diese für Sie in irgendeiner Weise persönlich wichtig sein. Sonst könnten Sie in dem doch recht langwierigen Arbeitsprozess schnell die Lust verlieren.
Denken Sie also über sich und das Thema gründlich nach, bevor Sie sich endgültig entscheiden.

1. Notieren Sie hier einen vorläufigen konkreten Themenvorschlag, über den Sie mit Hilfe der folgenden Seiten einmal gründlich nachdenken wollen. Notieren Sie außerdem einen Alternativvorschlag.

Themenvorschlag: ______________________________

____

Alternativvorschlag: ______________________________

____

2. Machen Sie sich zunächst klar, was Sie mit dem gewählten Thema verbindet. Füllen Sie die nachfolgende Tabelle aus.

3. Prüfen Sie auf diese Weise auch Ihren Alternativvorschlag.

	Themenvorschlag	**Alternativvorschlag**
Warum hat mich das Thema neugierig gemacht?		
Was sind meine besonderen Interessen an diesem Thema?		
Was weiß ich schon über dieses Thema?		
Welche Problemstellungen, die mit dem Thema verbunden sind, wären für mich wichtig?		
Was besonders will ich bei der Arbeit an diesem Thema herausfinden?		
Welche Aspekte des Themas interessieren mich eher weniger?		
Was könnte ich mit den Arbeitsergebnissen – über die Verwendung für die Facharbeit hinaus – anfangen?		

4 Als dritter Faktor neben den Anforderungen des Themas und Ihren Interessen kommt der Adressat Ihrer Arbeit, der Fachlehrer/die Fachlehrerin, ins Spiel, der/die sich an schulische Vorgaben halten muss (▶ „Rahmenbedingungen klären", S. 5 ff.) und der/die eine bestimmte Ausrichtung der Arbeit wünschen wird. Tragen Sie in dem folgenden Spannungsfeld von Interessen in der Mitte zunächst das Thema (▶ S. 15) und dann Anforderungen ein, die von allen drei Seiten an das Thema herangetragen werden.

■ **Sache**

Was die **Sache** erfordert:

____

____

____

____

■ **Mein Thema:**

____

____

■ **Ich**

Was **für mich** wichtig ist:

____

____

____

____

____

____

■ **Adressat/in**

Was der/die **Adressat/in** erwarten könnte:

____

____

____

____

____

____

5 Prüfen Sie, ob alle Anforderungen miteinander vereinbar sind.

6 Ist dies nicht der Fall, sollten Sie die vermuteten Interessenkonflikte mit dem Fachlehrer/der Fachlehrerin klären (▶ „Beratungsgespräche führen", S. 93 f.).

Abgrenzung des Themas

Tipp

Facharbeiten können leicht ausufern. Es ist daher wichtig,

- ein Thema so gegen benachbarte Themen **abzugrenzen,** dass es in der vereinbarten Zeit zu bewältigen ist;
- das Thema so **präzise zu formulieren,** dass Sie in der Phase des Recherchierens und Schreibens nicht irrtümlich das Thema verlassen;
- das Thema **klar und verbindlich zu vereinbaren,** damit Ihre Arbeitsperspektiven und die Erwartungen des Fachlehrers bzw. der Fachlehrerin an das Thema möglichst deckungsgleich sind.

Rechtzeitig – also am besten *vor* dem entscheidenden Gespräch mit dem Fachlehrer/der Fachlehrerin – sollten Sie sich selbst klarmachen, wie Ihr Thema sinnvoll abgegrenzt werden könnte. Sie sparen sich damit viel Ärger; denn wenn Sie genau wissen, um was es in der Facharbeit Ihrer Meinung nach gehen sollte – und um was es *nicht* gehen sollte –,

- können Sie dem Fachlehrer bzw. der Fachlehrerin gegenüber sicherer auftreten und Ihre Vorstellungen in einem Planungsgespräch besser einbringen;
- haben Sie nachher nicht den Eindruck, dass Sie vom Fachlehrer/der Fachlehrerin auf Bereiche festgenagelt worden sind, die Sie gar nicht bearbeiten wollten.

1. Entwerfen Sie eine Mind-Map zu dem von Ihnen gewählten Thema (▶ S. 15). Notieren Sie darin alle Aspekte, die mit dem Thema zusammenhängen könnten.

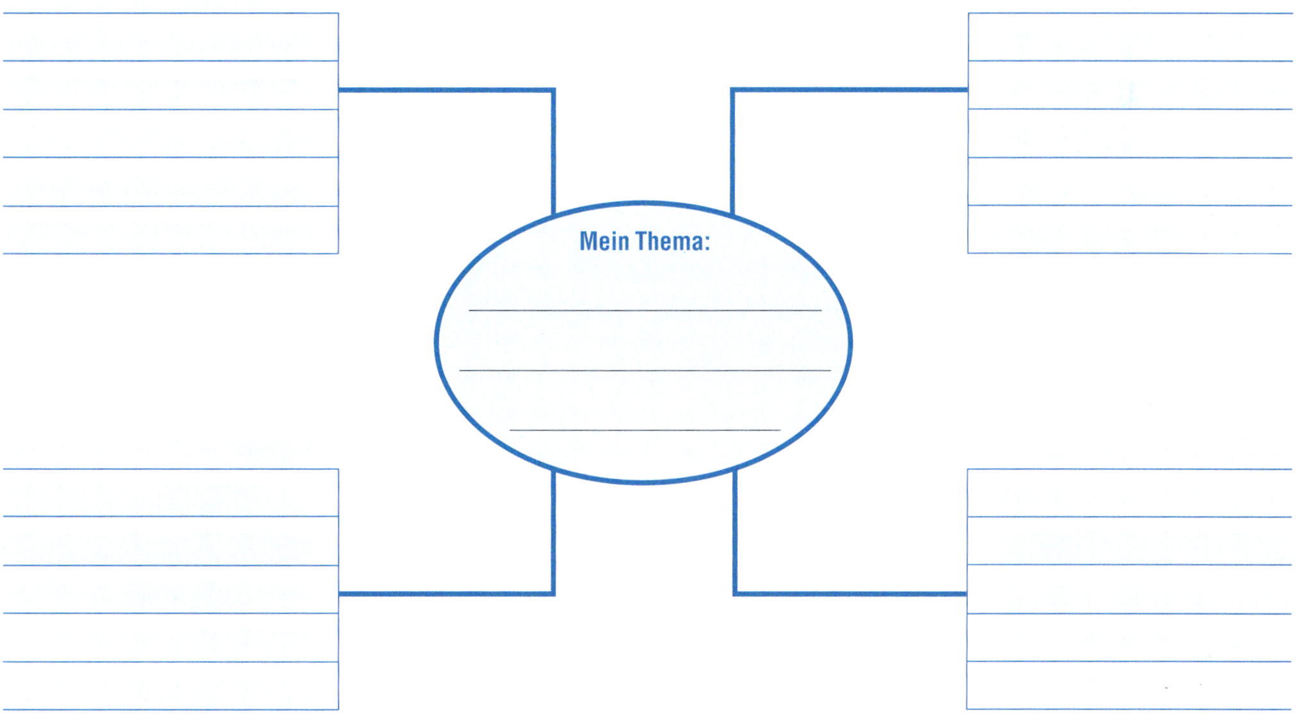

2. Befragen Sie andere, ob ihnen zu dem Thema weitere Aspekte einfallen.

3. Markieren Sie in Ihrer Mind-Map diejenigen Aspekte, auf die Sie sich in Ihrer Facharbeit konzentrieren möchten.

Problemstellungen und Begriffsklärung

Lehrerinnen und Lehrer eröffnen Unterrichtsstunden oft mit einer **Problemfrage.** Eine solche Frage sorgt dafür, dass man sich auf den Kern eines Themas konzentriert.

1 Welche Problemstellungen sollten bei dem von Ihnen gewählten Thema (▶ S. 15) Ihrer Meinung nach im Mittelpunkt stehen? Notieren Sie – am besten in Frageform:

Problemstellungen:

1. ______________________________

____

2. ______________________________

____

3. ______________________________

____

Tipp

Die zentralen Problemstellungen von Facharbeiten werden oft mit Hilfe von **Schlüsselbegriffen** festgelegt. Wenn Sie das Thema einer Facharbeit überlegen, sollten Sie zentrale Begriffe, die in der Themen- und Problemstellung vorkommen, gründlich durchdenken, und zwar noch bevor Sie mit dem Fachlehrer oder der Fachlehrerin das Thema festlegen. Damit schaffen Sie für sich weitere Klarheit.

2 Welche (Fach-)Begriffe sind in Ihrer Themen- und Problemstellung zentral? Markieren Sie diese Begriffe in Ihren Fragestellungen farblich.

3 Klären Sie die Schlüsselbegriffe Ihres Themas mit Hilfe des folgenden Schemas. Nutzen Sie evtl. ein Fachlexikon, um begriffliche Bestimmungen und Abgrenzungen vorzunehmen.

Parallelbegriffe, von denen der zu klärende Begriff abzugrenzen ist	Oberbegriff	Parallelbegriffe, von denen der zu klärende Begriff abzugrenzen ist
______	zu klärender Begriff ______	______
______	Unterbegriff 1 ______	______
______	Unterbegriff 2 ______	______
______	Unterbegriff 3 ______	______
______		______
______		______

Ein Beispiel:

Parallelbegriffe, von denen der zu klärende Begriff abzugrenzen ist	Oberbegriff: *Gruppensprachen*	Parallelbegriffe, von denen der zu klärende Begriff abzugrenzen ist
Männersprache	zu klärender Begriff: *Jugendsprache*	*Fußballersprache*
Frauensprache	Unterbegriff 1: *Skater-Sprache*	*Reiter/innensprache*
______	Unterbegriff 2: *Techno-Sprache*	______
______	Unterbegriff 3: *Punker-Sprache*	______
______		______
______		______

4 Welche begrifflichen Abgrenzungsprobleme könnten sich während der Arbeit an Ihrem Thema ergeben? Notieren Sie solche Probleme für ein Gespräch mit dem/der beratenden Fachlehrer/in.

Konzept

1 Fassen Sie alle Ihre bisherigen Überlegungen in einem vorläufigen Konzept für Ihre Facharbeit zusammen. Formulieren Sie das Konzept knapp und präzise aus.

Mein Konzept:

____

____

____

____

____

____

____

____

____

____

Beispiel für ein Konzept:

In meiner Arbeit mit dem Thema „Befragung von 13- bis 18-Jährigen in Schwalmtal zur Nutzung und Bewertung von Talkshow-Sendungen im Fernsehen" möchte ich klären, wie häufig Jugendliche dieses Alters Talkshows einschalten und was sie von ihnen halten. Ich betrachte Talkshows als eine Sonderform der Diskussionssendungen, in der Probleme sachlich nicht besonders gründlich erörtert werden, dafür aber besonders an die Emotionen der Zuschauer/innen appelliert wird. Die folgenden Problemstellungen könnten bei der Befragung und der Auswertung im Mittelpunkt stehen:

- Welche Bedürfnisse von Jugendlichen werden von Talkshows angesprochen?
- Gibt es Unterschiede zwischen Jugendlichen verschiedener Schultypen (Hauptschule, Realschule, Gymnasium) und verschiedenen Geschlechts?
- Wie und warum ändert sich die Einstellung Talkshows gegenüber mit dem Alter der Jugendlichen?

Befragen möchte ich Schülerinnen und Schüler mit Hilfe von Fragebögen, die ich in Zusammenarbeit mit Lehrerinnen und Lehrern an allen drei Schultypen verteilen will. In einem zweiten Durchgang möchte ich mit einigen Schülerinnen und Schülern längere Interviews führen.

2 Legen Sie das Konzept der Lehrkraft vor, bei der Sie die Arbeit schreiben wollen. Diskutieren Sie mit ihr gründlich über alle Einzelheiten (► „Beratungsgespräche führen", Termin 1, S. 93).

2.3 Die Untersuchungsmethoden festlegen

Der Erfolg Ihrer Facharbeit hängt unter anderem davon ab, welche Methoden der Informationsbeschaffung Sie nutzen. Die folgende Übersicht gibt Ihnen einige Anregungen.
Es hängt vom Thema ab, ob Sie nur einige oder alle der aufgeführten Methoden nutzen können.

1. Markieren Sie in der ersten Spalte mit Textmarker diejenigen Methoden, die Sie im Hinblick auf das Thema Ihrer Arbeit für wichtig halten.
2. Notieren Sie in der vierten Spalte evtl. weitere Probleme, die Sie für sich persönlich sehen.
3. Überlegen Sie – evtl. zusammen mit dem Fachlehrer/der Fachlehrerin – Möglichkeiten der Problemlösung und notieren Sie diese stichwortartig in der fünften Spalte.
4. Führen Sie im unteren Teil der Tabelle weitere Methoden auf, die Sie gerne anwenden möchten, und überlegen Sie auch hier Anforderungen, Chancen und Probleme.

Methode	Besondere Anforderungen	Besondere Chancen	Mögliche Probleme	Lösungsmöglichkeiten
Literaturstudium (in Bibliotheken etc.)	▪ Umgang mit Katalogen ▪ Umgang mit z.T. hochkomplexer Fachliteratur	▪ Systematisierung von Informationen in Katalogen, daher leichtere Zugänglichkeit ▪ Hilfe durch Bibliothekare/Bibliothekarinnen	▪ Je nach Wohnort weite Fahrwege zu Bibliotheken ▪ Keine Mitgliedskarte ▪ Bücher etc. sind ausgeliehen __________ __________	__________ __________ __________ __________ __________
Internet-Recherche	▪ Umgang mit Suchmaschinen ▪ Beherrschung von Suchstrategien mit Hilfe von Stichworten ▪ Entscheidungsfähigkeit angesichts einer Überfülle von Informationen	▪ Das Internet ist die am schnellsten wachsende Informationsquelle. ▪ Texte etc. können sofort in den eigenen PC heruntergeladen werden.	▪ Man muss mit der Unübersichtlichkeit des Netzes umgehen können. ▪ Kostengünstiger Zugang zum Netz steht nicht zur Verfügung. ▪ Die Informationen sind oft unzuverlässig, weil ungeprüft. __________ __________	__________ __________ __________ __________ __________ __________ __________ __________ __________ __________ __________ __________

Methode	Besondere Anforderungen	Besondere Chancen	Mögliche Probleme	Lösungsmöglichkeiten
Sachverständigenbefragung	▮ Klares und zielgerichtetes Gesprächskonzept für Interviews (► S. 24) ▮ Vorbereitung von Gesprächen mit Hilfe von Leitfragen	▮ Authentische Informationen von Zeitzeugen bzw. Fachexperten/-expertinnen ▮ Möglichkeit der Rückfrage und Klärung von Sachverhalten mit Fachleuten	▮ Kein Zugang zu wünschenswerten Gesprächspartnern/-partnerinnen. ▮ Eigene Gesprächsfähigkeit zu wenig entwickelt für ein zielgerichtetes Gespräch	
empirische Untersuchung	▮ Kenntnis quantitativer und qualitativer Untersuchungsverfahren (► S. 23ff.) ▮ Organisationstalent ▮ Besonders strikte methodische Anforderungen	▮ Eigenständige Materialbasis, da selbst ermitteltes empirisches Material zur Verfügung steht ▮ Selbstmotivation durch handlungsbetontes Verfahren	▮ Objektivität, Reliabilität und Validität der Untersuchung (► S. 23) können nicht sichergestellt werden. ▮ Keine Kenntnisse, was Auswertungsverfahren und Darstellung empirischer Daten (Diagramme etc.) anbetrifft	

Weiterführende Informationen zu empirischen Untersuchungsmethoden

Informationen zur Internet-Recherche und zum Literaturstudium (Recherche in Bibliotheken etc.) erhalten Sie auf ▶ S. 30 ff. und 36 ff.

Info

Empirische Untersuchung

Manche Sachverhalte lassen sich nur mit einer empirischen Untersuchung klären. Dabei wenden Sie Methoden der empirischen, also auf Erfahrung basierenden Wissenschaften an. Diese Methoden lassen sich unterteilen in:

a **quantitative Methoden,** die Daten in standardisierter und kontrollierter Weise erheben, das Datenmaterial dann mit statistisch-mathematischen Verfahren auswerten und in geeigneter Form (z.B. in Form von Diagrammen, ▶ S. 76 ff.) darstellen. Solche Methoden sind:

- Umfrage (schriftliche Befragung mit Hilfe von Fragebogen);
- mündliche Befragung (mit Fragebogen, die nach den Angaben der Interviewten vom Fragesteller selbst ausgefüllt werden);
- Experiment oder Test (▶ S. 25);
- Statistik, die vorhandenes Datenmaterial aufsummiert und evtl. mit entsprechenden Daten aus vorhergehenden Zeiträumen vergleicht.

b **qualitative Methoden,** bei denen nicht die mengenmäßige Verteilung von Angaben, sondern die Entfaltung von inhaltlichen Aussagen im Mittelpunkt steht. Diese Methoden sind weniger stark vorstrukturiert als die quantitativ orientierten. Erste Fragerichtungen können deshalb im Untersuchungsprozess noch erweitert und geändert werden.
Solche Methoden sind:

- narratives Interview (in dem die befragte Person durch entsprechende Fragetechniken ins Erzählen kommen und über einen Sachverhalt möglichst breit Auskunft geben soll);
- Beobachtung (mit dem das Verhalten von Personen oder Tieren in bestimmten Situationen erkundet werden soll);
- Besichtigung (mit der Lokalitäten oder bestimmte Abläufe erkundet werden sollen);
- Aktionsforschung (mit der eine Handlung oder ein Verhalten vom Forschenden bewusst wahrgenommen werden soll, wobei er nicht – wie bei der Beobachtung – als Außenstehender agiert, sondern am Geschehen selbst aktiv beteiligt ist).

An empirische Untersuchungen werden bestimmte Anforderungen gestellt.
Die wichtigsten sind:

- **Objektivität:** Objektiv ist ein Verfahren dann, wenn es unabhängig von der untersuchenden Person zu gleichen Ergebnissen führt. Subjektive Einflüsse müssen also so weit wie möglich ausgeschlossen werden.
- **Reliabilität** (Zuverlässigkeit): Dieses Kriterium bezeichnet die Messgenauigkeit eines Verfahrens. Messgenauigkeit ist besonders bei Experimenten und Tests wichtig. Mögliche Messfehler müssen vor Testbeginn ausgeschlossen werden.
- **Validität** (Gültigkeit): Bei empirischen Untersuchungen sollte man vorher reflektieren, welche Schlüsse man aus möglichen Ergebnissen überhaupt ziehen könnte. Die so festgestellte Aussagekraft einer empirischen Untersuchung für die Problemstellung bezeichnet man als Validität.

Info

Interview

Mit Interviews holen Sie Kenntnisse und/oder Meinungen verschiedener Personen ein. Zur Vorbereitung wissenschaftlicher Untersuchungen werden oft so genannte **standardisierte Interviews** durchgeführt, die sich auf einen Fragebogen stützen. Interviews können aber auch frei geführt werden. Die Ergebnisse eines Interviews hängen stark von der Fragetechnik ab. Vor einem Interview sollte man

- sich selbst klarmachen, was das Ziel des Interviews ist;
- sich in einem offenen Interview eine Liste von Fragen zusammenstellen, die jedoch nur zur Orientierung dienen und nicht stur abgearbeitet werden sollten;
- sich auf den Gesprächspartner oder die Gesprächspartnerin vorbereiten, also z.B. deren Lebensumstände und Interessen in Erfahrung bringen;
- dafür Sorge tragen, dass das Gespräch in einer sinnvollen Weise dokumentiert wird, damit interessante Äußerungen nicht verloren gehen (▶ S. 42f.); allerdings benötigt man für einige Formen der Dokumentation (z.B. für die Tonaufnahme) das vorherige Einverständnis des/der Interviewten;
- dem Gesprächspartner evtl. zusichern, dass seine Angaben vertraulich behandelt werden, dass sein Name also nicht veröffentlicht wird; in solchen Fällen hält man auf den Unterlagen nur einige relevante Daten fest (z.B. Alter und Geschlecht des Gesprächspartners/der Gesprächspartnerin).

Eine Sonderform des Interviews ist die Zeitzeugen-Befragung in Form von **Oral History.** Diese Methode stützt sich auf Zeitzeugen, um an empirisch gesicherte Informationen zu (bereits weiter) zurückliegenden Ereignissen zu kommen. Oral History ist in den letzten Jahrzehnten als eine Methode entwickelt worden, mit deren Hilfe eine Alltagsgeschichte aus der Sicht der einfachen Bevölkerung geschrieben werden kann. Besonders für kultur- und sozialgeschichtliche Untersuchungen ist dieses Verfahren relevant.

Info

Umfrage

Umfragen dienen dazu, bei einer bestimmten, vorher definierten Personengruppe das Spektrum und/oder die Verteilung von Meinungen zu ermitteln. Es gibt verschiedene Formen:

a Umfragen mit **geschlossenen Fragen:** Diese lassen keine eigenen Formulierungen der Befragten zu, sondern geben jeweils verschiedene Antwortmöglichkeiten vor. Die meisten Fragebögen enthalten geschlossene Fragen. Formen der geschlossenen Fragen sind u.a.:

- Alternativfragen, die z.B. auf die Frage „Stimmen Sie der folgenden Aussage zu?" nur die Antworten „Ja" oder „Nein" zulassen.
- Multiple-Choice-Fragen, die den Befragten die Möglichkeit geben, aus einer bestimmten Anzahl von Möglichkeiten eine für sie passende Antwort auszuwählen.
- Skalierungen, die den Befragten die Gelegenheit geben, in einem vorgegebenen Spektrum von Antwortmöglichkeiten – z.B. im Spektrum zwischen „völlig unannehmbar" und „einverstanden" – ein Kreuz zu machen.

b Umfragen mit **offenen Fragen:** Diese lassen den Befragten Spielraum für eigene Gedankenentwicklungen und Formulierungen. Gestellt werden können daher nur Impulsfragen, die den Befragten viele Freiheiten lassen. Die Antworten müssen entweder mitgeschrieben oder aufgezeichnet werden (▶ S. 42f.). Anschließend werden sie transkribiert (verschriftlicht).

Info

Experiment und Test

Experimente und Tests dienen dazu, vorher möglichst präzise formulierte Annahmen zu überprüfen, d. h. zu verifizieren (als richtig zu erweisen) oder zu falsifizieren (als falsch zu erweisen).
In den Naturwissenschaften kommen Experimente und Tests häufiger vor, in anderen Fachbereichen wie den Geistes- und Sozialwissenschaften weniger oft.

Weitere Ausführungen zum Experiment und zum Test finden Sie in Nachschlagewerken zu naturwissenschaftlichen und sozialwissenschaftlichen Methoden.

2.4 Einen Arbeitsplan aufstellen

Inhaltliche Planung

1 Machen Sie sich klar, dass Sie mit einer Facharbeit ein umfangreiches Projekt beginnen, das besondere Anforderungen an Sie stellt.

Info

Projekt

- In der Schule sind Sie eher ein kleinschrittiges Arbeiten gewohnt. Größere Zusammenhänge werden Ihnen oft erst nach und nach, manchmal sogar erst am Abschluss von Unterrichtseinheiten klar. Mit der Facharbeit wird nun eine **umfassendere gedankliche Leistung** von Ihnen erwartet. Dabei ist es Ihre eigene Aufgabe, für Orientierung zu sorgen und die Planung in die Hand zu nehmen.
- Die Facharbeit erfordert **Eigeninitiative** von Ihnen. Von der Planung über die Recherche bis zum Formulieren, Gestalten und Präsentieren kommen verschiedene Herausforderungen und Handlungsarten auf Sie zu.
- In einer Facharbeit setzen Sie sich mit einem **komplexen Sachverhalt** auseinander. Um die Arbeit zu bewältigen, müssen Sie Schwerpunkte setzen und „Hauptäste" Ihrer Arbeit definieren; sonst verlieren Sie sich in einer Fülle von Einzelheiten.
- Ihr Projekt zielt auf ein **Endprodukt** – die Facharbeit. Stärker als bei anderen Lernformen ist Ihr Arbeiten also ergebnisorientiert. Wenn Sie aber ein Ergebnis erzielen wollen, sollten Sie den eigenen Arbeitsprozess gründlich und verbindlich planen.
- Sie sollten ab und zu selbstkritisch überprüfen, ob Sie noch „im Plan" sind. Mit Projekten dieser Art verbessern Sie Ihre Fähigkeit der **Selbststeuerung.**

2 Verschaffen Sie sich mit dem folgenden Planungsbaum (▶ S. 27) eine Übersicht über Sachverhalte, die für die Bewältigung Ihrer Arbeit inhaltlich wichtig sind.

a Tragen Sie zunächst im unteren Drittel des Planungsbaums ganz konkret Quellen ein, auf die Sie sich bei der Informationsbeschaffung stützen möchten. Dazu gehören Personen, die Sie befragen, oder Bücher, Bibliotheken, bestimmte Internet-Sites, die Sie nutzen wollen.

b Tragen Sie dann in die „tragenden Äste" des Baumes die leitenden Problemstellungen ein, die im Rahmen der Themenstellung hauptsächlich bearbeitet werden sollen.

c Notieren Sie schließlich auf die Verzweigungen der tragenden Äste alle Aspekte des Themas, die diesen Ästen zugeordnet werden können.

3 Den Planungsbaum können Sie in einem Gespräch mit dem Fachlehrer/der Fachlehrerin zum Gegenstand der Beratung machen (▶ „Beratungsgespräche führen", Termin 2, S. 93).

4 Haken Sie im Verlauf der Vorbereitung Ihrer Facharbeit nach und nach diejenigen Aspekte ab, die Sie für hinreichend geklärt halten.

Einzelaspekte

Quellen

Zeitmanagement

Mit der folgenden Checkliste bekommen Sie die zeitlichen Abläufe einer Facharbeit in den Griff.

Insgesamt zur Verfügung stehende Zeit **von:** ____________ **bis:** ____________

Arbeitsphasen	Zeitrahmen (Datumsangaben) Soll	Ist	Kontrolle/Abweichung
Klärung der Rahmenbedingungen			
Ideensammlung/Finden des Themas			
Abgrenzung des Themas/Formulierung des Konzepts			
1. Absprache mit Fachlehrer/in			
Erkundung möglicher Informationsquellen			
Festlegung der Untersuchungsmethode(n)			
Arbeitsplanung			
2. Absprache mit Fachlehrer/in			
Recherche mit Dokumentation der gefundenen Informationen			
Intensive Analyse einzelner Quellen (Texte etc.)			
Ordnung des Materials und Entwurf einer Gliederung			
3. Absprache mit Fachlehrer/in			
Schreiben erster Textentwürfe			
Einarbeiten von Zitaten, Verweisen, Tabellen etc.			
Erstellen einer Bibliografie			
4. Absprache mit Fachlehrer/in			
Reinschrift			
Überarbeitung			
Gestaltung der Endfassung			
Abgabetermin			
Präsentation			

1. Tragen Sie in die erste Zeile der Tabelle auf ▶ S. 28 die gesamte zur Verfügung stehende Zeit ein.

2. Tragen Sie Zeitangaben zu den Arbeitsphasen ein, die Sie bereits hinter sich gebracht haben. Dabei machen Sie sich klar, wie viel Zeit man für einzelne Arbeitsschritte einplanen muss.

3. Entwerfen Sie dann **vom Ende her** eine Feinplanung für die weiteren Phasen Ihres Projekts. Überlegen Sie genau, welche Phasen besonders zeitintensiv sein könnten.

4. Klären Sie dann möglichst bald mit Ihrem Fachlehrer/Ihrer Fachlehrerin ab, ob Sie den Zeitaufwand für die einzelnen Phasen sinnvoll angesetzt haben (2. Absprache mit Fachlehrer/in, ▶ S. 93). Ändern Sie die Zeitplanung evtl. noch einmal.

5. Kontrollieren Sie mit Hilfe der Checkliste laufend den Fortgang Ihrer Arbeiten, indem Sie in der dritten Spalte die Zeit eintragen, die Sie tatsächlich benötigt haben.

6. Machen Sie in der vierten Spalte einen Haken, wenn Sie genau in der Zeit sind. Notieren Sie mit „+“ die Tage, die Sie eingespart haben, mit „–“ die Tage, die Sie gegenüber der Planung verloren haben.

7. Reagieren Sie rechtzeitig, wenn Sie in Verzug geraten. Verzögerungen sollten sich nicht bis in die Schlussphase weiter aufbauen!

Tipp

- In erhebliche Zeitnot kommen Sie, wenn am Ende einer Arbeit technische Probleme auftauchen. Zum Beispiel kann der Computer, auf dem Sie schreiben, „abstürzen“ oder ein Drucker defekt sein. Legen Sie daher das Datum für den Endausdruck Ihrer Arbeit nicht auf den letzten Tag vor dem Abgabetermin. Planen Sie einen zeitlichen Puffer ein.
- Versuchen Sie, zu den vorgesehenen Zeitpunkten Beratungstermine mit Ihrem Fachlehrer/ Ihrer Fachlehrerin zu bekommen. Diese Beratungstermine sind so angesetzt, dass sie mit Entscheidungen verbunden sind, die für den Fortgang – und das Gelingen – der Arbeit eine besondere Bedeutung haben. Sollten Sie einfach weiterarbeiten und aufgrund eines verspäteten Beratungsgesprächs bereits abgehakte Arbeitsschritte noch einmal neu angehen müssen, können Sie in Schwierigkeiten kommen.
- Bringen Sie den Arbeitsplan unübersehbar in Ihrem Blickfeld an (an der Zimmertür, über dem Schreibtisch etc.).

3 Informationen beschaffen

Sie haben die Rahmenbedingungen für Ihre Arbeit geklärt, ein Thema gefunden, Ihre Motivation geklärt und das Thema mit dem Fachlehrer/der Fachlehrerin vereinbart, Sie haben Untersuchungsmethoden festgelegt und schließlich einen Arbeitsplan aufgestellt. Nun kann es losgehen: Sie begeben sich auf Materialsuche.
Aber das Angebot an Informationen ist überwältigend, und die Orte, an denen Sie sich informieren könnten, sind vielfältig. Vielleicht fühlen Sie sich wie jemand, der eine Stecknadel in einem Heuhaufen suchen soll. Sie benötigen daher intelligente Methoden der Recherche.
Über empirische Methoden der Informationsbeschaffung haben Sie auf ▶ S. 23 ff. einiges erfahren.
Im Folgenden geht es darum, wie Sie Internet, Bibliotheken und Archive nutzen können.

3.1 Das Internet nutzen

Der am schnellsten wachsende, zugleich aber auch der unübersichtlichste Informationsspeicher, der für Recherchen zur Verfügung steht, ist das Internet. Während Bücher und Zeitschriften meist aus seriösen Verlagen kommen, die über vielfältige fachliche Kontrollsysteme verfügen, sind die Informationen, die ins Internet eingestellt werden, oft ungeprüft und nicht verlässlich. Je nach Quelle im Internet ist es daher sinnvoll, Informationen, die man verwenden möchte, mit Hilfe anderer Quellen noch einmal zu überprüfen. Oder Sie wählen Bereiche des Internets aus, von denen man Verlässlichkeit erwarten kann.

Ein erster Überblick: Lexika im Netz

1. Im Internet gibt es elektronische Lexika, die zu vielen Themen eine verlässliche erste Orientierung erlauben. Notieren Sie in der folgenden Tabelle erste gliedernde Unterbegriffe (Aspekte) und wichtige Fakten, die Sie unter der genannten Adresse zu Ihrem Thema finden.

2. Tauschen Sie mit Ihren Mitschülerinnen und Mitschülern ähnliche Adressen aus, tragen Sie diese in die leeren Felder ein und notieren Sie wieder wichtige Aspekte und Fakten.

Adresse: http://www.wissen.de

Wichtige Aspekte des Themas	Wichtige Fakten

Adresse: http://www.wissen.fireball.de

Wichtige Aspekte des Themas	Wichtige Fakten

Adresse:

Wichtige Aspekte des Themas	Wichtige Fakten

Adresse:

Wichtige Aspekte des Themas	Wichtige Fakten

Gezielte Suche: Suchmaschinen und andere Suchhilfen

Haben Sie sich einen ersten Überblick über Ihr Thema verschafft, geht es darum, weiteres Material zusammenzutragen. Das ist im Internet nicht ganz einfach, da es keine zentrale Organisation gibt, die Seiten des World Wide Web (WWW) registriert und ordnet. Zwar kann man ab und zu auch nach dem Zufallsprinzip fündig werden, indem man ein Stichwort als Adresse eingibt (beispielsweise http://www.bundesregierung.de), ein solches Probierverhalten führt jedoch oft nicht zum Erfolg. Ergebnisreicher ist eine gezielte Suche mit Hilfe von Suchmaschinen.

Suchmaschinen

Name	Adresse	Bemerkungen zur Brauchbarkeit
Google	http://www.google.de	
Lycos	http://www.lycos.de	
AltaVista	http://de.altavista.com	
Yahoo	http://www.yahoo.de	
MetaGer (Meta-Suchmaschine: durchsucht andere Suchmaschinen)	http://www.metager.de	

Bildungsserver

Name	Adresse	
Deutscher Bildungs-Server	http://www.dbs.schule.de	
Bildungsserver des Landes NRW	http://www.learnline.nrw.de	
Bildungsserver des Landes Bayern	http://www.schule.bayern.de	

1. Fügen Sie der Liste weitere Adressen von Suchmaschinen und Suchhilfen hinzu, die Sie selber oder Ihre Mitschülerinnen und Mitschüler zurzeit für ergiebig halten.

2. Notieren Sie in der dritten Spalte stichpunkthaft Erfahrungen, die Sie selber und Mitschüler/innen in letzter Zeit mit diesen Suchmaschinen gemacht haben. Nutzen Sie die Erfahrungen anderer!

Tipp

Nach den strengen Kriterien der Stiftung Warentest erfüllte im Jahr 2001 nur **Google** die Wünsche der Nutzerinnen und Nutzer voll und ganz. Die Tester fanden, dass diese Suchmaschine leicht zu bedienen, übersichtlich und treffsicher sei. Relativ gut beurteilt wurden auch AltaVista, Lycos und MetaGer. Nutzen Sie im Internet evtl. mehrere Suchmaschinen, um zu einem Sachverhalt verschiedene Quellen zu erschließen.

Aktuelle Informationen können Sie mit Hilfe von Zeitungen überprüfen. Alle großen Zeitungen stellen im Internet Artikel zur Verfügung. Adresse: **http://paperball.fireball.de**

Techniken der Stichwortsuche

Suchmaschinen und andere Suchhilfen können Sie nur dann sinnvoll nutzen, wenn Sie bestimmte Techniken der Stichwortsuche anwenden. Selbst wenn Sie die Vielzahl der angebotenen Dokumente mit Hilfe von Suchbegriffen eingrenzen, werden oft noch Dutzende oder gar Hunderte von Treffern angezeigt. Allerdings nehmen die meisten Suchmaschinen ein Ranking vor; d. h., sie führen die wichtigsten Dokumente am Anfang einer evtl. langen Liste auf.
Um entscheiden zu können, welche Dokumente für einen recherchierenden Web-Nutzer wichtig sein könnten, prüft die Suchmaschine,

- wie oft die Suchbegriffe in einem Dokument gefunden worden sind;
- ob die Suchbegriffe auch im Titel des Dokuments vorkommen (dann ist die Wahrscheinlichkeit, dass es in diesem Dokument hauptsächlich – und nicht nur am Rande – um diesen Sachverhalt geht, deutlich größer);
- ob mehrere Suchbegriffe, die eingegeben worden sind, im Dokument nahe beieinanderstehen (dann ist die Wahrscheinlichkeit größer, dass es sich nicht um Zufallstreffer handelt).

Die verschiedenen Suchmaschinen funktionieren teilweise unterschiedlich, meist finden Sie einen Link, wo die jeweiligen Suchmöglichkeiten erklärt werden. Allgemein aber gilt: Je sinnvoller Sie in der Internet-Recherche Stichwörter finden und kombinieren, desto schneller kommen Sie ans Ziel.

1. Legen Sie für Ihre Recherche ein zentrales Stichwort/einige zentrale Stichwörter fest. Nutzen Sie dabei die Ergebnisse Ihrer Überlegungen zu „Problemstellungen und Begriffsklärung" (▶ S. 18 f.).

Zentrale Stichworte:

2. Notieren Sie nun in der rechten Spalte der folgenden Tabelle (▶ S. 34) jeweils mehrere mögliche Stichwortkombinationen für Ihre aktuelle Recherche, bevor Sie dann ins Internet gehen.

3. Testen Sie die verschiedenen Typen von Abfragen.

4. Falls Sie erste brauchbare Texte finden, die für Ihre Arbeit von Bedeutung sein könnten, sollten Sie die Quellen sorgfältig protokollieren (▶ „Quellen protokollieren – Informationen dokumentieren", S. 40 ff.).

Technik	Wie sie funktioniert	Suchbegriffe und Kombinationen für die aktuelle Recherche
Plus-Suche (AND-Abfrage)	Sie geben mehrere Stichwörter ein, die jeweils – ohne Leertaste! – mit einem Pluszeichen versehen sind. Nach der Formel **+x+y** erhalten Sie dann nur diejenigen Dokumente zum Thema x, die gleichzeitig auch das Stichwort y aufweisen. Beispiel für eine Eingabe: **+Goethe+Romantik**. (Je nach Suchmaschine können die Begriffe auch mit einem AND verbunden werden. Bei Google werden alle Begriffe, die Sie eingeben, automatisch mit AND verknüpft.)	
Minus-Suche (NOT-Abfrage)	Sie geben mehrere Stichwörter ein, wobei eines/einige mit einem Minuszeichen versehen ist/sind. (Meist ohne Leertaste, bei Google muss aber ein Leerzeichen vor dem Minus stehen!) Nach der Formel **+x –y** erhalten Sie nur diejenigen Dokumente zum Thema x, in denen das Stichwort y nicht vorkommt. Bei der Eingabe **+Expressionismus –Malerei** ist die Wahrscheinlichkeit groß, dass Ihnen gezielt Dokumente zu expressionistischer Literatur und eben nicht zur expressionistischen Malerei angeboten werden. (Je nach Suchmaschine können die Begriffe auch mit einem NOT versehen werden. Mit der Eingabe **NOT Malerei AND Expressionismus** erzielen Sie ebenfalls das gewünschte Ergebnis.)	
Gänsefüßchen-Suche (Phrasensuche)	Sie geben eine bestimmte Wortfolge, einen ganzen Satz oder mehrere Sätze ein und binden den gewählten Text mit hochgestellten Anführungszeichen zusammen, um nach dieser bestimmten Wortkombination suchen zu lassen. Mit der Eingabe **"Heinrich Mann"** stellen Sie z. B. sicher, dass Sie keine Dokumente über ein anderes Mitglied der Mann-Familie oder über „Mann" als Allgemeinbegriff erhalten. Wenn Sie ganze Sätze aus einem Text eingeben, können Sie diesen Text im Internet wiederfinden, falls Sie ihn „verloren" haben.	
Sternchen-Suche	Sie geben einen Begriff ein und setzen – ohne Leertaste! – ein Sternchen dahinter. Auf diese Weise verfahren Sie, wenn es zu einem Begriff einige Zusammensetzungen gibt, die sie insgesamt als Begriffsfeld mitüberprüfen möchten. Ohne den *-Zusatz würden diese Komposita nicht erfasst. Sie geben z. B. **Dialekt*** ein, wenn Sie die Komposita „Dialektatlas", „Dialektforschung", „Dialektentwicklung" oder „Dialektdichtung" mit abdecken möchten.	
OR-Abfrage	Sie verbinden zwei Begriffe mit einem OR. So können Sie z. B. verfahren, wenn es von einem Wort zwei verschiedene Schreibungen gibt und wenn Sie deswegen nicht einige wichtige Dokumente verpassen wollen. Sie geben z. B. **Orthopraphie OR Orthografie** ein.	
NEAR-Abfrage	Viele Suchmaschinen überprüfen, ob mehrere Suchbegriffe, die eingegeben worden sind, im Dokument nahe beieinanderstehen und damit vermutlich gedanklich tatsächlich aufeinander bezogen sind. Damit werden Zufallstreffer ausgeschaltet. Eine solche Eingrenzung können Sie selbst mit dem Abstandsoperator NEAR bewirken, der überprüft, ob der zweite Suchbegriff im maximalen Abstand von zehn (oder mehr) Wörtern zum ersten zu finden ist. Die Kombination **Fernsehen NEAR Nachrichten** stellt sicher, dass Sie nur solche Dokumente nachgewiesen bekommen, in denen es tatsächlich um Fernsehnachrichten geht.	

Kataloge und Datenbanken im Netz

Kataloge gibt es nicht nur in Bibliotheken (▶ S. 36 ff.), sondern auch im Internet. Während Suchmaschinen im Netz sozusagen „blind" tätig sind und Textzusammenhänge nicht überblicken, also auch Texte präsentieren, in denen ein Suchbegriff nur zufällig und ganz am Rande auftaucht, werden Internet-Kataloge von Redakteuren mit Überlegung zusammengestellt. Nur Dokumente, die den Redakteuren wichtig erscheinen, werden an einer bestimmten Stelle aufgenommen.
Die Fülle des Materials wird nach Themengebieten und Kategorien geordnet. Alle thematischen Verzeichnisse haben einen **hierarchischen Aufbau:** Durch die verschiedenen Themengebiete und Kategorien kann man sich hindurchklicken, indem man von übergeordneten, zusammenfassenden Begriffen über Unterkategorien zu immer konkreteren Sachverhalten voranschreitet.
Katalogadressen sind z. B.:

Info

http://www.web.de
http://www.dino-lotse.de
http://www.allesklar.de
http://www.fireball.de
http://www.yahoo.de
http://www.lycos.de

Da die Webkataloge selbst sehr viel Material anbieten, kommen Sie mit Suchmaschinen meist schneller ans Ziel, wenn Sie ganz spezielle Informationen suchen.

Facharbeiten im Netz

Vielen Schülerinnen und Schülern – aber auch Lehrerinnen und Lehrern – ist bekannt, dass man im Internet längst ganze Facharbeiten bzw. Referate finden kann. Solche Adressen sind z. B.:

Info

- **http://www.young.de/schule/hausaufgaben/**
  (Referate, Facharbeiten und Hausaufgaben zu einer Fülle von Fächern)
- **http://www.schuelerweb.de/referate.asp**
  (ausführliches, nach Kategorien katalogisiertes Angebot mit einer Vielzahl von Links)
- **http://www.spickzettel.de**
  (Suchen von benoteten Referaten über eine Suchmaschine; Durchlesen am Bildschirm sofort möglich)
- **http://www.gymueb.fn.bw.schule.de/mhamann**
  (ausführliche Referate zum Herunterladen)
- **http://www.referatebox.de**
  (Referate zu Deutsch, sprachlichen und geisteswissenschaftlichen Fächern)

Weitere Hinweise in:
Zlash: Die wichtigsten Adressen aus dem WWW für Schüler. Info-Guide, Würzburg (Arena-Verlag) 2001

Man sollte diese Web-Adressen zur Orientierung nutzen und Textauszüge evtl. zitieren, aber nie Texte herunterladen und als eigene ausgeben. Mit Hilfe einer Gänsefüßchen-Suche (▶ S. 34) können Lehrerinnen und Lehrer solche nicht ausgewiesenen Übernahmen nachweisen, und zwar leichter als bei Übernahmen aus Büchern. Auch nachträglich können Noten aberkannt werden, wenn sich herausstellt, dass man im Internet „Texte-Klau" betrieben hat.

3.2 Bücher und Bibliotheken nutzen

Bibliotheken waren über viele Jahrhunderte hinweg die Zentren kultureller Aktivitäten. Bis ins Mittelalter wurden die Bücher, die in Bibliotheken standen, mühsam per Hand abgeschrieben. Es gab daher nur wenige Büchereien; einige Klöster mit angeschlossenen Bibliotheken waren Zentren der Wissenschaft. Nach Erfindung des Buchdrucks war die Weitergabe und Verbreitung von Wissen kostengünstiger und einfacher. Die Anzahl der Bibliotheken nahm zu. Nach Erfindung der elektronischen Medien ist der Wissenstransfer weiter sprunghaft angestiegen. Dennoch sind bei Weitem nicht alle Informationen z.B. im Internet verfügbar. Bibliotheken sind nach wie vor wichtige Zentren wissenschaftlichen Arbeitens.
Im Folgenden erhalten Sie Anregungen, wie Sie die Techniken der Informationsaufbereitung und -vermittlung in Bibliotheken nutzen können, um für Ihre Facharbeit zu recherchieren.

Präsenz- und Ausleihbibliotheken

Viele Bibliotheken bieten zwei Abteilungen: eine Präsenz- und eine Ausleihbibliothek. Nutzen Sie beide Abteilungen einer Bibliothek gezielt für Ihre Recherche.

Abteilung	Nutzungsmöglichkeiten	Bestand	Rechercheplanung
Präsenz-bibliothek	Man kann die Bücher aus den Regalen nehmen und in einem Lesesaal der Bibliothek einsehen. Wichtige Seiten kann man exzerpieren (Auszüge wörtlich herausschreiben) oder kopieren.	Zeitschriften, Lexika, Enzyklopädien, wichtige Standardwerke, Bibliografien (systematische Zusammenstellungen von Titelnachweisen, ▶ S. 38)	
Ausleih-bibliothek	Bücher können – meist gegen Mitgliedschaft oder Jahresbeitrag – für eine gewisse Zeit ausgeliehen und mit nach Hause genommen werden.	Eine Vielzahl spezieller Titel zu verschiedenen Sachgebieten. In der Regel steht die überwiegende Zahl der Bücher einer Bibliothek im Ausleihbereich.	

1. Überlegen Sie sich, welche Informationen (kurze Überblicke, Erläuterungen von Fachbegriffen, Definitionen, ausführlichere Sachinformationen, Hinweise auf weitere Informationsquellen etc.) Sie in welcher Art von Büchern gezielt suchen könnten, und notieren Sie Ihre Überlegungen in der rechten Spalte der Tabelle möglichst detailliert. Sie haben dann bereits eine Orientierung und können in einer Bibliothek gezielter nach bestimmten Titeln suchen.

2. Bitten Sie in der Bibliothek evtl. einen Bibliothekar/eine Bibliothekarin um Hilfe, damit Sie Ihre Rechercheplanungen zügig umsetzen können.

3. Sorgen Sie dafür, dass Sie gefundene Quellen für Ihre Arbeit angemessen protokollieren (▶ S. 40f.).

Kataloge

Der Bestand von Bibliotheken ist in Katalogen erfasst. Bis Ende des 20. Jahrhunderts wurden Bücher und Zeitschriften mit Hilfe von Karteikarten-Katalogen zugänglich gemacht. Ältere Literatur finden Sie in der Regel nur dort verzeichnet. Neuerdings gibt es in vielen Bibliotheken auch elektronische Kataloge; sie enthalten meist jedoch nur die in den letzten Jahren/Jahrzehnten eingestellten Titel. Über Online-Kataloge, die z.T. auch über das Internet zugänglich sind, geht die Materialsuche in der Regel schneller (▶ Internet-Kataloge, S. 35).
Für eine sinnvolle Suchstrategie gibt es prinzipiell zwei Möglichkeiten: einen Verfasserkatalog und einen systematischen Katalog. Elektronische Kataloge bieten über entsprechende Stichwort-Eingaben ebenfalls diese beiden Möglichkeiten. Nutzen Sie auf jeden Fall Kataloge, um gezielt an für Sie wichtige Titel heranzukommen!

Katalogtyp	Orientierungsmöglichkeiten	Namen und Sachbereiche für meine Recherche
Verfasserkatalog	Hier sind alle Autorinnen und Autoren in **alphabetischer Reihenfolge** zusammengestellt. Wenn Sie einen Autor/eine Autorin aufrufen, finden Sie nacheinander alle von ihm/ihr verfassten Werke, die in der jeweiligen Bibliothek verfügbar sind.	
Systematischer Katalog	Hier sind Fachbereiche und ihre jeweiligen Unterabteilungen nach **Sachbereichen** erfasst. Um diesen Katalogtyp zielführend nutzen zu können, müssen Sie sinnvolle Suchbegriffe mitbringen. Außerdem müssen Sie wissen, welchen übergreifenden Sachbereichen diese Begriffe zuzuordnen sind und wie diese bezeichnet werden.	

1. Notieren Sie im ersten leeren Feld der rechten Spalte zunächst **Namen** von Autoren, die für Ihr Thema von Bedeutung sein könnten. Dabei kann es sich um Autoren/Autorinnen sowohl von Primär- als auch von Sekundärliteratur (Werke über andere Autoren, z. B. über Schriftsteller/innen) handeln.

2. Notieren Sie sich dann **Sachbereiche**, die bei der Bearbeitung Ihres Themas von Bedeutung sein könnten. Wenn Sie die gängigen Bezeichnungen für solche Fach- und Sachbereiche nicht kennen, können Sie vor dem Bibliotheksbesuch Ihren Fachlehrer/Ihre Fachlehrerin fragen oder sich mit Hilfe von Bibliografien und ihren Begriffs-Hierarchien vorarbeiten.

Bibliografien

Wenn Sie höchsten wissenschaftlichen Standards genügen wollen, können Sie bei Ihren Recherchen auch Bibliografien einsehen. Bibliografien informieren Sie darüber, welche Publikationen (Bücher, Zeitschriften etc.) es überhaupt gibt, auch wenn sie in Ihrer Bibliothek vielleicht nicht vorhanden sind. Es gibt Bibliografien zu bestimmten Sachgebieten, z. B. zum literarischen Werk eines Autors/einer Autorin. Eine umfassende Bibliografie ist auch das **„Verzeichnis lieferbarer Bücher"**, das in den meisten Bibliotheken und in allen Buchhandlungen einsehbar ist. Hier finden Sie auch ganz aktuelle Titel, die Ihre Bibliothek womöglich noch gar nicht angekauft hat.
Wenn Sie in einer Bibliografie auf eine Veröffentlichung stoßen, die Ihre Bibliothek nicht besitzt, die aber für das Thema Ihrer Facharbeit von Interesse sein könnte, gibt es die Möglichkeit der **Fernleihe**. Ihre Bibliothek bestellt den Titel dann für Sie bei einer anderen Bibliothek.
Aber Vorsicht: Es dauert natürlich einige Zeit, bis Ihre Bibliothek ein Buch von auswärts beschafft hat, in manchen Fällen müssen Sie auch eine zusätzliche Gebühr bezahlen. Klären Sie also vorher ab, ob eine Fernleihe im Rahmen Ihrer Facharbeit sinnvoll ist.

1. Nutzen Sie die in Buchhandlungen vorhandenen bibliografischen Hilfsmittel, um zu recherchieren.
2. Machen Sie sich auch in Bibliotheken mit Printausgaben oder elektronischen Versionen von Bibliografien vertraut.

Klosterbibliothek in Sankt Gallen

3.3 Archive nutzen

Insbesondere bei eher (zeit-)geschichtlich orientierten Themen ist es oft lohnend, nicht nur Material zu sichten, das in Büchern und Internet bereits von anderen aufgearbeitet worden ist, sondern auf Entdeckungsreise zu gehen und selbst interessante Dokumente zu finden. Besonders in Zeitungsarchiven kann man oft fündig werden.

Archivarten	Recherche-Ideen	Adresse, Öffnungszeiten etc.
Staatsarchive (Regional-, Landes-, Bundesbehörden)		
Kommunalarchive (Archive von Städten und Gemeinden)		
Kirchliche Archive (Archive von Pfarr- und Kirchengemeinden, Bistümern etc.)		
Wirtschaftsarchive (Archive von Einzelfirmen und Konzernen, z. T. nicht öffentlich zugänglich)		
Parlaments-, Parteien- und Verbands-Archive (bei Verbänden meist gut zugänglich)		
Medienarchive (Archive von Zeitungen, Rundfunk- und Fernsehanstalten)		

1. Lösen die Stichworte in der ersten Spalte bei Ihnen Assoziationen zu Ihrem Thema aus? Notieren Sie in der zweiten Spalte der Tabelle, welche Informationen Sie evtl. dort besorgen könnten.

2. Überprüfen Sie, ob es entsprechende Archive in vertretbarer Nähe zu Ihrem Wohnort gibt. Recherchieren Sie evtl. mit Hilfe des Suchbegriffs „Archive" im Internet oder befragen Sie Ihren Fachlehrer/Ihre Fachlehrerin. Tragen Sie die entsprechenden Adressen, Öffnungszeiten etc. in die dritte Spalte ein.

Tipp

- Viele Zeitungen haben ihre gesamten Ausgaben seit Bestehen des Blattes inzwischen auf Mikrofilmen erfasst. Diese Quellen sind für viele Themen eine Fundgrube. Die Mikrofilme können in Archiven mit speziellen Lesegeräten eingesehen werden. Dabei handelt es sich oft um Reader-Printer, mit denen eine auf dem Bildschirm sichtbare Seite auch kopiert werden kann.
- Versuchen Sie nicht, in Archiven personenbezogene Akten von noch lebenden oder von solchen Personen einzusehen, die erst vor einigen Jahren verstorben sind. Aus Gründen des Daten- und Personenschutzes gibt es in der Regel eine Sperrfrist von 30 Jahren.

3.4 Quellen protokollieren – Informationen dokumentieren

Wenn Sie mit Ihren Recherche-Arbeiten beginnen, sollten Sie sich von vornherein ein Ordnungssystem zurechtlegen. Sie ersparen sich damit viel Zeit und Arbeit. Ein kluges Ordnungssystem hilft Ihnen außerdem bei der späteren Gliederung des Materials und besonders beim Schreiben der Arbeit. Nutzen Sie die Chance, Ihren Arbeitsprozess effektiver zu gestalten und zu erleichtern.

Lesezeichen: Quellen zugänglich halten

1. Legen Sie Lesezeichen – z. B. schmale Papierstreifen oder spezielle Klebestreifen – in Bücher und Zeitschriften, die Sie an diesen Stellen später auswerten wollen. Sie finden die Stellen dann schneller wieder.

2. Nutzen Sie auch im **Internet** die Einrichtung des Lesezeichens. Manche Browser bieten eine solche Möglichkeit an. Mit solchen Lesezeichen können Sie lange und komplizierte Internet-Adressen, die man sich kaum merken kann, schnell wiederfinden. Die Adressen bleiben so verfügbar. Beim Netscape Navigator kann man z. B. auf das Icon „Communicator" klicken und in einem Auswahlfenster „Lesezeichen" und anschließend „Lesezeichen hinzufügen" anklicken. Lässt man den Mauszeiger los, schließt sich das Fenster wieder. Möchte man später eine abgelegte Adresse zur Verfügung haben, muss man nur wieder das Icon „Communicator" anklicken. Mit einem einfachen Mausklick ist man dann ganz schnell wieder auf der gewünschten Seite. Die Adresse muss nicht mehr eigens eingegeben werden. (Beim „Internet Explorer" ist dieselbe Funktion unter „Favoriten" zu finden.)

Arbeitsmappe: Alles so aufheben, dass man es wiederfindet

1. Legen Sie sich für die Facharbeit eine Arbeitsmappe (Schnellhefter, Ordner etc.) an.

2. Sammeln Sie darin chronologisch, also in der Reihenfolge des Auftretens, alle Unterlagen, die Sie für die Abfassung Ihrer Arbeit später verwenden wollen.

3. Nummerieren Sie die abgelegten Blätter fortlaufend und notieren Sie in Ihrem Planungsbaum auf ▶ S. 27 die Seitenzahlen zu den entsprechenden Aspekten.

Quellenprotokolle: Das erste Lesen von Texten zielgerichtet festhalten

1. Fertigen Sie zu jedem Text, den Sie in einem Buch, im Internet oder anderswo gefunden haben, ein Quellenprotokoll. Kopieren Sie dazu evtl. den Vordruck auf ▶ S. 41 mehrmals, damit Sie die Blätter in Ihrer Arbeitsmappe ablegen können.

2. Notieren Sie in der rechten oberen Ecke einen Aspekt aus Ihrem Planungsbaum auf ▶ S. 27, dem der Text zugeordnet werden könnte. Falls Sie den Text einem weiteren Aspekt zuordnen möchten, können Sie dies in der zweiten Zeile tun.

3. Notieren Sie in der linken Spalte genau Verfasser, Titel, Quelle etc., damit Sie alle Angaben für die später zu erstellende Bibliografie zur Verfügung haben. Falls Sie den Text im Internet gefunden haben, sollten Sie hier auch die volle Internet-Adresse festhalten.

4 Notieren Sie in der rechten Spalte für Sie wichtige Gesichtspunkte des Textes. Dabei sollte deutlich werden, was der Text zur Entwicklung Ihres Themas beitragen könnte.

5 Notieren Sie evtl. eine besonders aussagekräftige Textstelle wortgetreu. Dieses Zitat können Sie später in Ihrer Arbeit verwenden.

Tipp

Ausgewählte **Zitate** sind für den Fortgang der Arbeit oft wichtiger als Kopien ganzer Seiten. Trainieren Sie, mit Zitaten zentrale und themenrelevante Aussagen aus Texten herauszufiltern! Allerdings sollten die Zitate nicht zu lang sein. Erscheinen längere Zitate sinnvoll, sind Kopien arbeitsökonomischer als Abschriften.

6 Wenn Sie kritisch über den Text nachgedacht haben und einige Aussagen fragwürdig finden, können Sie sich abschließend auch dazu ein paar Notizen machen

Quellenprotokoll

Quelle Nr.: ____________________

Bibliografische Angaben:

Verfasser/in
Nachname: ____________________

Vorname: ____________________

Quelle (Buch/Zeitschrift/Internet-Adresse):

____

____

____

____

Erscheinungsort: ____________________

Erscheinungsjahr: ____________________

Seite/n: (bei Zeitschriften, Sammelwerken etc.):

____

Lässt sich gedanklich verbinden mit den Texten:

____

____

____

____

Aspekt 1: ____________________

Aspekt 2: ____________________

Zusammenfassende Notizen zum Inhalt:

____

____

____

____

____

____

Interessantes Zitat:

____

____

____

____

Weitere interessante Textstellen auf den Seiten:

____

Kritische Bemerkung:

____

____

Mitschriften: Mündliche Informationen festhalten

Wenn Sie Informationen nicht nur aus Texten beziehen, sondern auch aus Gesprächen (z.B. mündlichen Interviews), dann benötigen Sie ein weiteres Verfahren der Dokumentation: die Mitschrift.

Tipp

Bei **Mitschriften** sollten Sie Folgendes beachten:

- Beim Mitschreiben übersetzen Sie das Gehörte meist teilweise oder ganz in Ihre eigene Sprache. Dabei merken Sie, ob Sie die Informationen, die Sie erhalten, verstehen oder nicht. Fragen Sie sofort nach, wenn Sie bei der Mitschrift etwas nicht ganz nachvollziehen können.
- Informationen sollten so notiert werden, dass Sie diese später gut verarbeiten können. Das setzt voraus, dass Sie Seiten nicht vollschreiben, sondern viel Platz lassen für nachträgliche Notizen. (Legen Sie sich ein Muster wie das nachfolgende an (► S. 43), falls Sie ein ausführliches Gespräch oder mehrere Gespräche führen möchten.)
- Notieren Sie links oben zunächst den Namen des Gesprächspartners und das Datum. Vereinbaren Sie dann mit Ihrem Gesprächspartner das Thema und die zentralen Aspekte, um die es in dem Gespräch gehen sollte. (Evtl. bleibt der Gesprächspartner nach solchen Vorklärungen eher bei der Sache als in einem unverbindlich wirkenden Gespräch.)
- Protokollieren Sie während des Gesprächs möglichst alle wichtigen Informationen **stichpunktartig**. Schreiben Sie nicht zu eng, damit Sie nach dem Gespräch evtl. noch etwas ergänzen können. Prüfen Sie während des Gesprächs ab und zu mit einem kurzen Blick auf den Kopf der Seite, ob Sie noch bei dem vereinbarten Thema sind.
- Bitten Sie am Ende des Gesprächs evtl. um einen Folgetermin, falls Sie den Eindruck haben, dass eine Fortsetzung des Gesprächs nützlich wäre. Notieren Sie diesen links unten.
- Werten Sie das Gespräch **zeitnah** aus. Dabei können Sie am linken Seitenrand Gesichtspunkte zur Gliederung der Informationen notieren, die Ihnen später die Verarbeitung erleichtern werden.
- Schließlich können Sie nach gründlicher Sichtung des Materials unten auf der Seite für Sie offene Fragen notieren.

Gesprächsmitschrift

Thema:

Gesprächspartner/in:

Zentrale Aspekte:

Datum:

Gliederung:

Mitschrift:

Offene Fragen:

Eventueller Folgetermin:

4 Informationen auswerten

4.1 Texte intensiv durcharbeiten

Die Fünf-Schritt-Lesemethode

Viele ungeübte Leserinnen und Leser, die Sachtexte oder gar eine ganze Reihe solcher Texte verarbeiten sollen, lesen ineffektiv: Sie schauen Texte in unregelmäßigen zeitlichen Abständen und ohne gezielte gedankliche Verarbeitung planlos durch. Ihnen fehlt ein Verfahren, mit dem die Aussagen mehrerer Texte sinnvoll ausgewertet werden können.
Nutzen Sie das folgende Verfahren, mit dem Sie das Material für Ihre Facharbeit systematisch, gezielt und zeitsparend aufarbeiten können. Achten Sie auf eine sinnvolle Reihenfolge von Arbeitsschritten: Nachdem Sie

- alle Texte (und sonstigen Materialien) **einzeln durchgearbeitet** haben (s.u.), geht es in den nächsten Schritten darum,
- das **Material zu ordnen** (▶ S. 56 ff.). Auf dieser Basis können Sie dann
- eine **Gliederung** für Ihre schriftliche Arbeit entwerfen (▶ S. 67 f.).

1. Schritt: Den Text überfliegen – Quellenprotokoll

Verschaffen Sie sich einen ersten Überblick: Orientieren Sie sich an Titel, Untertitel, Zwischenüberschriften. Lesen Sie Textanfang und -ende sowie jeweils den ersten Satz eines Abschnitts. Achten Sie schon beim Überfliegen eines Textes darauf, ob bzw. wo etwas zum Thema Ihrer Facharbeit gesagt wird. Vielleicht schneidet der Text noch andere Themenbereiche an, die Sie gar nicht interessieren müssen.
Diesen Arbeitsschritt haben Sie evtl. bereits beim Anlegen eines Quellenprotokolls (▶ S. 40 f.) oder einer Gesprächsmitschrift (▶ S. 42 f.) erledigt.

2. Schritt: Fragen stellen

Formulieren Sie dann eine bis drei Fragen, die das Thema Ihrer Facharbeit betreffen und auf die der vorliegende Text eine Antwort geben könnte. Solche Fragen haben Sie evtl. schon in dem Kapitel „Das Thema finden und abgrenzen" formuliert, z.B. auf ▶ S. 18.
Die Fragen dienen dazu,

- in einem frühen Stadium der Textarbeit zu klären, ob der vorliegende Text wirklich etwas zum **Thema der Arbeit** beitragen kann. (Sie sparen sich damit evtl. unnötige Arbeit. Stellen Sie fest, dass der Text eher vom Thema wegführt, können Sie ihn zurücklegen.)
- dem Text gegenüber eine bestimmte Erwartungshaltung aufzubauen und eine Informationsabsicht, ein **Leseziel** zu präzisieren. (Anschließend lesen Sie dann zielgerichteter und zweckorientierter. Sie werden von dem Text nicht mehr „gefangen genommen", vielmehr können Sie ihn eher kritisch-distanziert lesen.)
- das potenzielle Informationsangebot des Textes in verschiedene **Aspekte** zu gliedern.
- Die Fragen können Sie auf dem Arbeitsblatt auf ▶ S. 48 notieren. Kopieren Sie dieses Blatt, damit Sie es mehrfach verwenden können.

3. Schritt: Den Text aktiv lesen

Viele klagen darüber, dass sie längere Sachtexte gar nicht konzentriert lesen könnten. Ein Grund dafür ist, dass sie sich dem Text gegenüber zu passiv verhalten, dass der Text geradezu „übermächtig“ wird und den Leser „erschlägt“. Daher ist es wichtig, dass Sie sich im 2. Schritt gezielt auf eine intensive Textlektüre vorbereitet haben und sich dem Text gegenüber „stark“ fühlen.
Da Sie **gezielte Fragen** an den Text im Kopf haben, gewinnen Sie dem Text gegenüber an Unabhängigkeit und können nun **aktiver lesen.** Zum Beispiel können Sie

- viel gezielter auf Informationen achten, die Sie bei Ihrer Arbeit weiterbringen,
- viel besser zwischen Wesentlichem und eher Unwesentlichem unterscheiden, also Einzelinformationen gewichten,
- einzelne Aussagen des Textes nach Aspekten sortieren.

4. Schritt: Den Text gedanklich verarbeiten und das Textverständnis in Markierungen und Notizen ausdrücken

Bei umfangreicheren Texten ist es wichtig, dass Sie nach jedem größeren Abschnitt innehalten und das Gelesene gedanklich verarbeiten. Das ist nur **schrittweise** möglich, da Sie das Informationsangebot komplexer Texte nicht sofort umfassend verarbeiten können.
Bei der intensiven Verarbeitung von Texten benötigen Sie bestimmte Techniken. Wählen Sie aus der folgenden Zusammenstellung (▶ S. 45–47) eine für Sie brauchbare Kombination aus.

Tipp

Lesespuren im Text

a Sinnabschnitte und Schlüsselwörter

Mit diesem Verfahren können Sie die Entscheidung des Autors/der Autorin nutzen, die Gesamtaussage des Textes in **Abschnitte** zu gliedern. Oft – aber nicht immer! – wird mit einem neuen Abschnitt angedeutet, dass auch ein neuer Sinnabschnitt beginnt. Sie unterstreichen in jedem Absatz ein, zwei Wörter, die den gedanklichen Kern der Aussage enthalten. Diese **Schlüsselwörter** können Sie auch farblich markieren. Enthält der Text kaum Abschnitte, können Sie selbst solche Sinnabschnitte bilden, indem Sie an den entsprechenden Stellen in den Text Trennungsbalken einzeichnen.

b Grafische Signale

Sie können das kritische Lesen von Texten trainieren, indem Sie im Text gezielt Lesezeichen hinterlassen. Beispiele:

Einkreisung	dient der Hervorhebung von Schlüsselwörtern
Unterstreichung	dient z. B. der Hervorhebung von zentralen Aussagen (Im Text sollten Sie jeweils nur wenige Wörter unterstreichen. Wenn Sie ganze Sätze hervorheben wollen, ist eine Randmarkierung sinnvoller; ▶ S. 46).
Unterschlängelung	dient der Hervorhebung von Aussagen, die problematisch erscheinen, weil andere Autoren (oder Sie selbst) diesen Sachverhalt ganz anders sehen.

Wichtig: Möglichst sparsam markieren! Wenn Sie zu viele Verarbeitungssignale in den Text hineinsetzen, verlieren Sie später den Überblick.

Tipp

Lesespuren am Text

a Randmarkierungen

|	wichtige Textaussage
~	zweifelhafte Aussage, die z. B. den Ausführungen anderer Autoren/Autorinnen oder eigenen Erfahrungen widerspricht
?	vorerst unklare Textstelle, die später noch einmal genauer betrachtet werden muss
!	Aussage, die in besonderer Weise den eigenen Einsichten entspricht oder die in Ihrer Facharbeit inhaltlich einen wichtigen Stellenwert haben könnte

b Konspekt (textgliedernde Randbemerkungen)

Ziel dieses Verfahrens ist es, mit Randbemerkungen den Text zu gliedern und so den inhaltlichen Aufbau eines Textes und seine Kernaussagen besser zu überblicken (Konspekt).
Sie verfahren so, dass Sie zu jedem Textabschnitt am Rand die **Kernaussage** in eigenen Worten und stichwortartig zusammenfassen. Ein Vorteil dieses Verfahrens ist es, dass Sie später beim Schreiben der Facharbeit Ihre Stichworte nur noch in Sätze gießen müssen, wenn Sie die Textaussage präsentieren. Sie erleichtern sich so die Schreibarbeit.
Oft ist der Textrand sehr schmal, sodass sie schlecht Randnotizen machen können. Besonders in diesem Fall können Sie Ihren Konspekt des Textes in das Arbeitsblatt „Intensive Textverarbeitung" (▶ S. 48) eintragen.

c Wegstreichen

Beim gründlichen Lesen eines Textes können Sie diejenigen Passagen durchstreichen, die Ihrer Meinung nach für Ihre Facharbeit nicht zu verwenden sind.

Tipp

Lesespuren zum Text

a Cluster

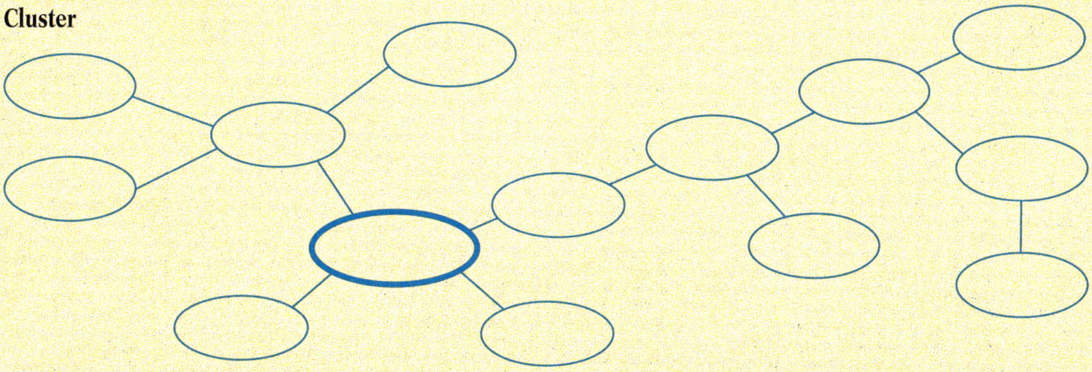

Mit einem Cluster können Sie sich die zentralen Aspekte eines Textes und Unteraussagen während der Lektüre übersichtlich vor Augen führen. Sie verfolgen so die Aussagelogik des Textes nach und halten sie so fest, dass Sie sich dem Text gegenüber souveräner fühlen.

b Treppe

Wenn es darum geht, Textaussagen in eine logische Ordnung zu bringen, dann sollten Sie diese Aussagen in Form einer Treppe notieren. Tragen Sie nach dem unten dargestellten Muster

- jeweils die zentrale, übergreifende Aussage in die oberste Stufe,
- Unteraussagen in die zweite Stufe und
- diesen logisch zuzuordnende Teilaussagen in die dritte Stufe ein.

Erweitern Sie das Muster evtl. um weitere Bausteine.

5. Schritt: Die Textaussage rekapitulieren und bewerten

Nachdem Sie den Text intensiv durchgearbeitet haben, geht es nun darum, die Aussagen einzuordnen, sie im Hinblick auf die eigene Arbeit zu gewichten und so den Nutzwert des Textes genauer zu bestimmen. Insbesondere geht es um folgende Fragen:

a Welche Positionen des Autors/der Autorin erscheinen interessant?

b Welchen Beitrag kann der Text zur Ausarbeitung Ihres Themas leisten?

c Wie können diese Aussagen in den Gesamtzusammenhang des Themas Ihrer Facharbeit eingeordnet werden?

d Welche neuen Fragen wirft der Text auf?

1 Bearbeiten Sie die Texte, die Sie für Ihre Facharbeit recherchiert haben, mit Hilfe der Fünf-Schritt-Lesemethode. Nutzen Sie dafür das folgende Arbeitsblatt, das Sie in der Anzahl der zu bearbeitenden Texte kopieren sollten.

Arbeitsblatt „Intensive Textverarbeitung"

Nr. oder Titel der Quelle: ______________________

Aspekte:

1. ______________________
2. ______________________
3. ______________________

Fragen zum (Text-)Dokument:

1. ______________________
2. ______________________
3. ______________________

Konspekt des Textes:

____

Auswertung:

Text ist für die Facharbeit wichtig, weil ______________________

Aus dem Text ergibt sich folgende weiterführende Fragestellung:

____

Einen Sachtext analysieren

Info

Elemente der Sachtextanalyse

- Bestimmung der Textart
- Bestimmung der Adressaten
- Feststellung der zentralen Fragestellung
- Thesenhafte Wiedergabe einer Hauptaussage (bzw. mehrerer zentraler Aussagen)
- Skizzierung des Textaufbaus
- Nachdenken über Kontexte (Zusammenhänge mit anderen Texten, Zeitgeschichte)
- Klärung der Wirkung(sabsichten) des Textes
- Resümee

1 Arbeiten Sie den folgenden Auszug aus einer Romaninterpretation systematisch durch:

a Setzen Sie Randmarkierungen (▶ S. 46), um Ihre ersten Leseeindrücke festzuhalten.

b Schlagen Sie evtl. unbekannte Wörter in einem (Fremdwörter-)Lexikon nach.

c Unterstreichen Sie Schlüsselwörter (▶ S. 45).

d Entwerfen Sie einen Cluster (▶ S. 47), um die wichtigen Aussage-Elemente des Textes zu erfassen und einander zuzuordnen.

2 Schreiben Sie dann ein Resümee, indem Sie das nachfolgende sprachliche Gerüst und die Textbausteine (▶ S. 50) nutzen.

Esther F. Gehlhoff

Wirklichkeit hat ihren eigenen Ort

[In dem Roman] evozieren permanente Anspielungen auf Verfall und Vergänglichkeit das Ende des Welt-Zeitlichen. Die Verweise auf den Wandel der Welt zu ihrer Auflösung deuten sich in allen Bereichen des Romans an. […]

Von besonderer Eindringlichkeit sind jene Schilderungen, die sich mit Veränderungen von Klima und Natur auseinandersetzen. Die Anklänge an ökologische Probleme der Gegenwart sind aufgrund der gewählten Bilder von übermäßiger Erwärmung zum Fischsterben, über Farbveränderungen des Wassers bis hin zu Insektenplagen unüberhörbar; ja sie geraten fast zum Klischee. – Wenn man so will, lassen sich durchaus Parallelen zu den zehn Plagen im alten Ägypten (zweites Buch Mose) erkennen. – Die Verflechtung dieser unerklärlichen Vorgänge mit einer in Wandlung begriffenen bedrohlichen Zeit verstärkt sich in zunehmendem Maße, je weiter das Romangeschehen fortschreitet. Komprimiert werden Entgleisungen des Öko-Systems im sechsten Kapitel dargestellt: Zunächst ist es die außergewöhnliche Hitze, die in ihren Auswirkungen als „Zeichen einer neuen, unheilvollen Zeit“ (LW 120)[1] gedeutet wird: Unablässig erstickende Fischschwärme verursachen einen solchen „Gestank“ (LW 120), daß die Aasfresser in Scharen aus Steinhalden oder Wüsten hervorgelockt werden und die Küste erst nach dem Ende des Fischsterbens ihren Verwesungsgeruch verliert. Dann schließt sich schon ein neues Bild der Verwirrung an: In der Szene um das scheinbar farblos gewordene Meer nämlich, läßt die taubstumme Arachne durch Echo den verstörten Betrachtern das Schwefelgelb als Pinien-Blütenstaub erklären. Eine einfache Enthüllung, so scheint es, die jedoch in ihrer Harmlosigkeit sofort zurückgenommen wird, denn offensichtlich existieren gar keine Pinienwälder; ja man weiß nicht einmal, worum es sich handelt. „Pinien? wurde der Taubstummen bedeutet, was sind Pinien?“ (LW 121). Gleichzeitig erhebt sich eine prunkende Vegetation, von der es heißt, daß keines der Gewächse „jemals zuvor auch nur in den Gärten oder auf den Feldern der eisernen Stadt gediehen“ (LW 121) sei. R

(Aus: Gehlhoff, Esther F.: Wirklichkeit hat ihren eigenen Ort: Lesarten und Aspekte zum Verständnis des Romans „Die letzte Welt“ von Christoph Ransmayr, Schöningh Verlag, Paderborn/München/Wien 1998, S. 70 ff.)

[1] ***LW** = Christoph Ransmayr: Die letzte Welt, Nördlingen 1988*

(1)
- Lexikonartikel
- fachwissenschaftliche Monografie (Werk eines einzelnen Autors zu einem einzigen Thema)
- fachwissenschaftlicher Sammelband
- Zeitschriftenaufsatz
- Zeitungstext
- Brief
- ...

(2)
- Wissenschaftler/in
- Sachbuchautor/in
- Journalist/in
- Schriftsteller/in
- ...

Sprachliches Gerüst für ein Resümee

Dieser Auszug aus einem/einer ...(1) richtet sich offensichtlich an ... Der Text setzt einige fachliche Kenntnisse voraus; Bezugswissenschaften sind ... Autor/Autorin des Textes ist offensichtlich ein/eine ...(2).
Die zentrale Fragestellung des Textes ist, ...
Zu dieser Problemstellung trägt der Autor/die Autorin die folgenden Hauptaussagen vor: ...
Der Text beginnt mit einem/einer ...(3).
Anschließend ...
Betrachtet man die Entstehungszeit und das gesellschaftliche Umfeld des Textes, so wird klar, dass es dem Autor/der Autorin auch darum geht, einen Beitrag zur/zum ... zu leisten. Der Autor/die Autorin möchte einerseits ...(4), andererseits gibt es aber auch Anhaltspunkte dafür, dass er/sie ..., denn ...

(3)
- Frage
- These/Gegenthese
- Argumentation
- Beispiel/Gegenbeispiel
- Erläuterung
- ...

(4)
- Informationen vermitteln
- Interesse für etwas wecken
- andere von der Richtigkeit einer Meinung überzeugen
- andere von der Unhaltbarkeit einer Meinung überzeugen
- einen Erklärungsansatz begründen
- andere wissenschaftliche/politische Ansichten kritisieren
- eine bestimmte Denkweise verstärken
- eine bestimmte Denkweise kritisieren
- etwas möglichst anschaulich darstellen
- die eigene Formulierungskunst unter Beweis stellen
- ...

Einen literarischen Text analysieren

Tipp

Fiktionale Texte

Berücksichtigen Sie, dass ein Autor/eine Autorin in literarischen Texten nicht – wie in Sachtexten – *direkt* zu Ihnen spricht, sondern *vermittelt* durch einen **Erzähler** oder ein **lyrisches Ich**. In einem Drama spricht er durch die Figuren.
In Ihrer Darstellung eines literarischen Textes muss in allen Formulierungen deutlich werden, dass Sie diesen Unterschied zwischen Sachtext und fiktionalem Text kennen. Statt „Der Autor sagt …" heißt es also „Der Erzähler schildert …" oder „Das lyrische Ich schildert …".

1. Lesen Sie den folgenden Romanauszug und nehmen Sie Randmarkierungen und Unterstreichungen vor (▶ S. 45 f.)

2. Nutzen Sie das nachfolgende Polaritätenprofil (▶ S. 52), um Ihr Verständnis dieses Textauszugs zu vertiefen: Kreuzen Sie diejenigen analytischen Begriffe an, die auf den Text zutreffen. (Falls Sie zu einigen Fachbegriffen weitere Informationen benötigen, sollten Sie in einem Sachwörterbuch literarischer Fachbegriffe nachschlagen.)

3. Stützen Sie sich dann auf die von Ihnen markierten Aspekte des Polaritätenprofils, um ein Resümee Ihrer Überlegungen zu formulieren.

Patrick Süskind

Das Parfum

In seinem Roman „Das Parfum" spielt Patrick Süskind auf die Schöpfungsgeschichte im Alten Testament an (z. B. Genesis 1,12).

Ja! Dies war sein Reich! Das einzigartige Grenouillereich! Von ihm, dem einzigartigen Grenouille erschaffen und beherrscht, von ihm verwüstet, wann es ihm gefiel, und wieder aufgerichtet, von ihm ins Unermeßliche erweitert und mit dem Flammenschwert verteidigt gegen jeden Eindringling. Hier galt nichts als sein Wille, der Wille des großen, herrlichen, einzigartigen Grenouille. Und nachdem die üblen Gestänke der Vergangenheit hinweggetilgt waren, wollte er nun, daß es dufte in seinem Reich. Und er ging mit mächtigen Schritten über die brachen Fluren und säte Duft der verschiedensten Sorten, verschwenderisch hier, sparsam dort, in endlos weiten Plantagen und kleinen intimen Rabatten, den Samen faustweise verschleudernd oder einzeln an eigens ausgewählten Plätzen versenkend. Bis in die entlegensten Regionen seines Reiches eilte der Große Grenouille, der rasende Gärtner, und bald war kein Winkel mehr, in den er kein Duftkorn geworfen hätte.
Und als er sah, daß es gut war und daß das ganze Land von seinem göttlichen Grenouillesamen durchtränkt war, da ließ der Große Grenouille einen Weingeistregen herniedergehen, sanft und stetig, und es begann allüberall zu keimen und zu sprießen, und die Saat trieb aus, daß es das Herz erfreute. Schon wogte es üppig auf den Plantagen, und in den verborgenen Gärten standen die Stengel im Saft. Die Knospen der Blüten platzten schier aus ihrer Hülle. R

(Aus: Süskind, Patrick: Das Parfum. Die Geschichte eines Mörders, Diogenes Verlag, Taschenbuchausgabe, Zürich 1994, S. 161 [Originalausgabe 1985])

Polaritätenprofil zu literarischen Texten

Vermittlungsinstanz in Ich-Form Ich-Erzähler lyrisches Ich	☐	☐	Vermittlungsinstanz in Er/Sie-Form Er/Sie-Erzähler
auktoriale (allwissende) Vermittlung	☐	☐	personale (durch die Perspektive einer Figur begrenzte) Sichtweise
Einführung des Lesers ins Geschehen	☐	☐	offener (unvermittelter) Anfang
Abschluss des Geschehens am Ende	☐	☐	offenes Ende
Geschehen aus der Innenperspektive wiedergegeben	☐	☐	Geschehen aus der Außenperspektive wiedergegeben
Rahmenhandlung	☐	☐	Binnenhandlung
einsträngiges Geschehen	☐	☐	mehrsträngiges Geschehen
Simultanhandlungen	☐	☐	aufeinander folgende Handlungen
zeitdeckend	☐	☐	zeitraffend bzw. zeitdehnend
kontinuierliche Vermittlung des Geschehens (linear)	☐	☐	diskontinuierliche Vermittlung des Geschehens (nichtlinear, episodisch, Zeitsprünge etc.)
atmosphärisch dicht (Zeit- und Milieukolorit)	☐	☐	Verzicht auf Milieu-/Zeitkolorit (überzeitliche Darstellung)
Held (gelingendes Lebenskonzept)	☐	☐	Antiheld (misslingendes Lebenskonzept)
wohlwollende Nähe zum Geschehen	☐	☐	(ironische oder sonstige) Distanzierung vom Geschehen
inneres Geschehen (Gedanken, Gefühle)	☐	☐	äußeres Geschehen (Handlungen, Gespräche)
szenische Entfaltung	☐	☐	zusammenfassender Bericht
wörtliche Rede	☐	☐	indirekte Rede
direkt-realistische Darstellung	☐	☐	indirekt-bildhafte Darstellung
besondere stilistische Anstrengungen (z. B. mit Hilfe rhetorischer Figuren oder durch auffällige Syntax)	☐	☐	keine auffällige Stilisierung

4.2 Empirisches Material analysieren

Wenn Sie eine empirische Untersuchung durchgeführt haben (▶ „Weiterführende Informationen zu empirischen Untersuchungsmethoden", S. 23 ff.), wenn Sie zudem die in Gesprächen gewonnenen Erkenntnisse sinnvoll festgehalten haben (▶ „Mitschriften", S. 42 f.), dann stehen Sie jetzt vor der Aufgabe, ein Interview oder eine Umfrage **auszuwerten**. In diesem Kapitel geht es um die analytische Leistung, die man dabei erwarten kann.
Die Ergebnisse Ihrer Analyse können Sie dann mit Hilfe von Tabellen, Diagrammen und Grafiken darstellen (▶ S. 76 ff.).

Eine qualitativ orientierte Befragung auswerten

Wenn sie offene Interviews gemacht haben, ist die Auswertung anspruchsvoller als bei standardisierten Interviews (▶ S. 24). Dafür ist das gedankliche Material, das Sie nun vorliegen haben, vermutlich erheblich vielschichtiger und interessanter.
Die folgenden gedanklichen Leistungen sind jetzt notwendig:

- Verbindungen herstellen
- vergleichen und gegenüberstellen
- Gemeinsamkeiten und Unterschiede erkennen
- zusammenfassende Aussagen treffen, indem Größenordnungen bestimmt und evtl. Prozentanteile berechnet werden

1. Nutzen Sie den nachfolgenden Auswertungsbogen (▶ S. 54 f.) zur Analyse Ihres Materials aus empirischen Untersuchungen. Kopieren Sie den Bogen vorher, wenn Sie mehr Interviews auswerten müssen, als dort vorgesehen sind.

2. Wenn Sie die Arbeitsschritte I–VI durchlaufen haben, können Sie die Ergebnisse anschließend in Diagramme umsetzen (▶ S. 76 ff.).

Eine quantitativ orientierte Befragung auswerten

Bei einer quantitativen empirischen Untersuchung haben Sie selbst die **Problemstellungen** vorher bereits definiert und im Fragebogen verankert. Die Arbeitsschritte I und II des Auswertungsbogens (▶ S. 54 f.) entfallen deshalb. Nutzen Sie die Arbeitsschritte III bis VI, um Ihr Material auszuwerten.

Auswertungsbogen für Material aus offenen empirischen Befragungen

Arbeitsschritte	Analyse-Ergebnisse
I. Welche **Problemstellungen** rücken die Befragten in den Vordergrund?	1. ______ 2. ______ 3. ______ 4. ______ 5. ______
II. In welchen bisher recherchierten Texten finde ich **Hintergrundwissen** zu diesen Problemstellungen? (Angabe von Kurztiteln und relevanten Seiten)	**Text 1:** ______, **S.** ______ **und** ______ **Text 2:** ______, **S.** ______ **und** ______ **Text 3:** ______, **S.** ______ **und** ______ **Text 4:** ______, **S.** ______ **und** ______ **Text 5:** ______, **S.** ______ **und** ______
III. Welche **Gemeinsamkeiten** gibt es bei der Einschätzung der Probleme?	**Gemeinsamkeiten zu Problemstellung** 1. ______ 2. ______ 3. ______ 4. ______ 5. ______
IV. Welche Sichtweisen **weichen** stark voneinander **ab**?	**Gegensätzliche Positionen bei Problemstellung** 1. ______ ↔ ______ 2. ______ ↔ ______ 3. ______ ↔ ______ 4. ______ ↔ ______ 5. ______ ↔ ______

Auswertungsbogen für Material aus offenen empirischen Befragungen

Arbeitsschritte	Analyse-Ergebnisse
V. Wie kann man zentrale Analyse-Ergebnisse **zusammenfassen**?	**Größte Gemeinsamkeiten:** __________ __________ __________ **Größte Unterschiede:** __________ __________ __________
VI. Welche **prozentualen Verteilungen** der Meinungen ergeben sich bei ausgewählten Problemstellungen?	**Problemstellung 1:** Position a: __________ = ____ % Position b: __________ = ____ % **Problemstellung 2:** Position a: __________ = ____ % Position b: __________ = ____ % **Problemstellung 3:** Position a: __________ = ____ % Position b: __________ = ____ % **Problemstellung 4:** Position a: __________ = ____ % Position b: __________ = ____ % **Problemstellung 5:** Position a: __________ = ____ % Position b: __________ = ____ %

4.3 Das Material ordnen

Wenn Sie alle Materialien für Ihre Facharbeit gründlich durchgearbeitet haben, geht es im nächsten Schritt darum, alle Einzeltexte und sonstigen Dokumente zusammen zu betrachten und eine Gliederung vorzubereiten. Damit Sie wissen, welche Funktionen die einzelnen Texte bzw. Materialien in Ihrem weiteren Arbeitsprozess erfüllen könnten, können Sie die folgende Übersicht erstellen.

Text	Informationen	zu folgenden Aspekten	Einordnung	Bewertung
1.				
2.				
3.				
4.				
5.				
6.				
7.				
8.				
9.				
10.				
11.				
12.				
13.				
14.				
15.				

1 Tragen Sie in der ersten Spalte die Kurztitel aller Texte und anderer Materialien ein, die für Ihre Arbeit von Bedeutung sind.

2 Klären Sie anschließend, ob Sie den angegebenen Texten eher

a wichtige **Informationen,**

b Anregungen zur **Einordnung** des Materials und zur **Gliederung** oder

c **bewertende** Gesichtspunkte

entnehmen wollen. Machen Sie in den Spalten zwei, vier und fünf jeweils ein Kreuz, wenn Sie hier einen Schwerpunkt sehen.

3 Tragen Sie in der dritten Spalte in kurzen Stichworten Aspekte ein, zu denen der jeweilige Text wichtige Informationen enthält.

4 Nutzen Sie die Spalte „Einordnung", um später die Gliederung Ihrer Arbeit zu entwerfen (► S. 58, 67f.).

Textaussagen vergleichen

Die wissenschaftliche Arbeitsweise bei einer Facharbeit legt es nahe, sich bei der Betrachtung von Phänomenen nicht nur mit einem einzigen Erklärungsansatz zu begnügen. Ihre späteren Ausführungen bekommen mehr Gewicht, wenn Sie mehrere Erklärungsansätze gegeneinanderstellen und kritisch abwägen. Daher ist es oft sinnvoll, die Aussagen mehrerer Texte zu einem Themenaspekt miteinander zu vergleichen.
Mit der folgenden Tabelle können Sie Textvergleiche vorbereiten. Sie verschaffen sich gezielt eine Übersicht und stellen relevante Stichpunkte für ein entsprechendes Kapitel in Ihrer Facharbeit zusammen.

Texte: ______________________ + ______________________

Aspekt	Gemeinsamkeiten Text 1	Text 2	Unterschiede Text 1	Text 2

1. Kopieren Sie diesen tabellarischen Vordruck, wenn Sie mehrmals Texte vergleichen wollen.
2. Legen Sie in der ersten Spalte zunächst einige Aspekte fest, die untersucht werden können. Hier sollten Sie auf inhaltliche Schwerpunkte achten, die beide Texte gemeinsam haben und die einen Vergleich sinnvoll erscheinen lassen.
3. Finden Sie dann Belege in beiden Texten, die eine ähnliche Aussage beinhalten. Tagen Sie diese Stellen als Zitate oder Verweise in die Spalten 2 und 3 ein.
4. Prüfen Sie auch, inwiefern die beiden Autoren/Autorinnen zu unterschiedlichen Ergebnissen kommen. Tragen Sie entsprechende Zitate oder Verweise in die vierte und fünfte Spalte ein.

Vorbereitung einer Gliederung

Im nächsten Schritt kommt es darauf an, alle Vorüberlegungen für eine Anordnung Ihres Materials zusammenzuführen. Eine Gesamtübersicht können Sie sich mit den folgenden Verfahren verschaffen:

Strukturbaum

Sie ordnen alle Aspekte Ihrer Arbeit in Form eines (kopfstehenden) Baumes an. Oben steht das Thema, auf der nächsten Ebene folgen die Schlüsselwörter möglicher Hauptkapitel-Überschriften und am Ende der Verzweigungen stehen auf der dritten Ebene Kurzformen möglicher Zwischenüberschriften.

1. Tragen Sie nacheinander Titel der Arbeit, Überschriften von Hauptkapiteln und von Unterkapiteln in den Strukturbaum ein.
2. Berücksichtigen Sie dabei, dass Sie auf jeden Fall in einer Einleitung den Ansatz Ihrer Arbeit und in einem Schlusskapitel eine Bewertung der Ergebnisse vornehmen sollten.
3. Prüfen Sie abschließend, ob die Zuordnungen, die Sie vorgenommen haben, nach logischen Gesichtspunkten plausibel sind.

Thema: ______________________________

Hauptkapitel:

Unterkapitel:

An einem Beispiel arbeiten

Die folgende Übung dient der logischen Strukturierung von Materialien. Sie können sie als Vorbereitung auf ähnliche Herausforderungen bei der Erstellung Ihrer Arbeit probeweise durchführen. (Mögliche Lösungen für diese Aufgaben finden Sie auf ▶ S. 67 f.)

Flussdiagramm

Mit einem Flussdiagramm können Sie stichpunkthaft skizzieren, wie die Gedankenfolge Ihrer Facharbeit sein könnte. Stellen Sie sich vor, dass Sie einen Fluss befahren. Sie fahren von Station zu Station. An einigen Stellen (besonders in der Mitte Ihrer Arbeit) kann sich der Fluss in mehrere Arme verzweigen, bis diese sich nach einiger Zeit wieder vereinigen. Mit solchen Verzweigungen können Sie ausdrücken, dass an einigen Stellen Ihrer Arbeit zu einem Arbeitsschritt mehrere Teilkapitel nebeneinander gedacht werden sollten.

1. Auf den ▶ Seiten 61–66 finden Sie ungeordnete Materialien für eine Facharbeit zum Thema „Biblische Bezüge in zwei Romanen der Postmoderne". Lesen Sie diese Materialien zunächst gründlich durch und geben Sie jedem Text eine **Überschrift.**

2. Überlegen Sie sich nun einige **analytische Gesichtspunkte,** unter denen das Material gebündelt und reflektiert werden könnte (s. u.).

3. Überlegen Sie dann, an welchen Stellen einer Facharbeit die verschiedenen analytischen Gesichtspunkte und die Materialien untergebracht werden könnten. Übertragen Sie Ihre Überschriften und die Analysegesichtspunkte in die entsprechenden Felder des **Flussdiagramms** (▶ S. 60).

4. Stellen Sie abschließend fest, welche **Zusatzmaterialien** Sie wohl suchen müssten, um eine sinnvolle Facharbeit schreiben zu können. Notieren Sie diese in einer anderen Farbe im Flussdiagramm.

Analytische Gesichtspunkte:

Flussdiagramm

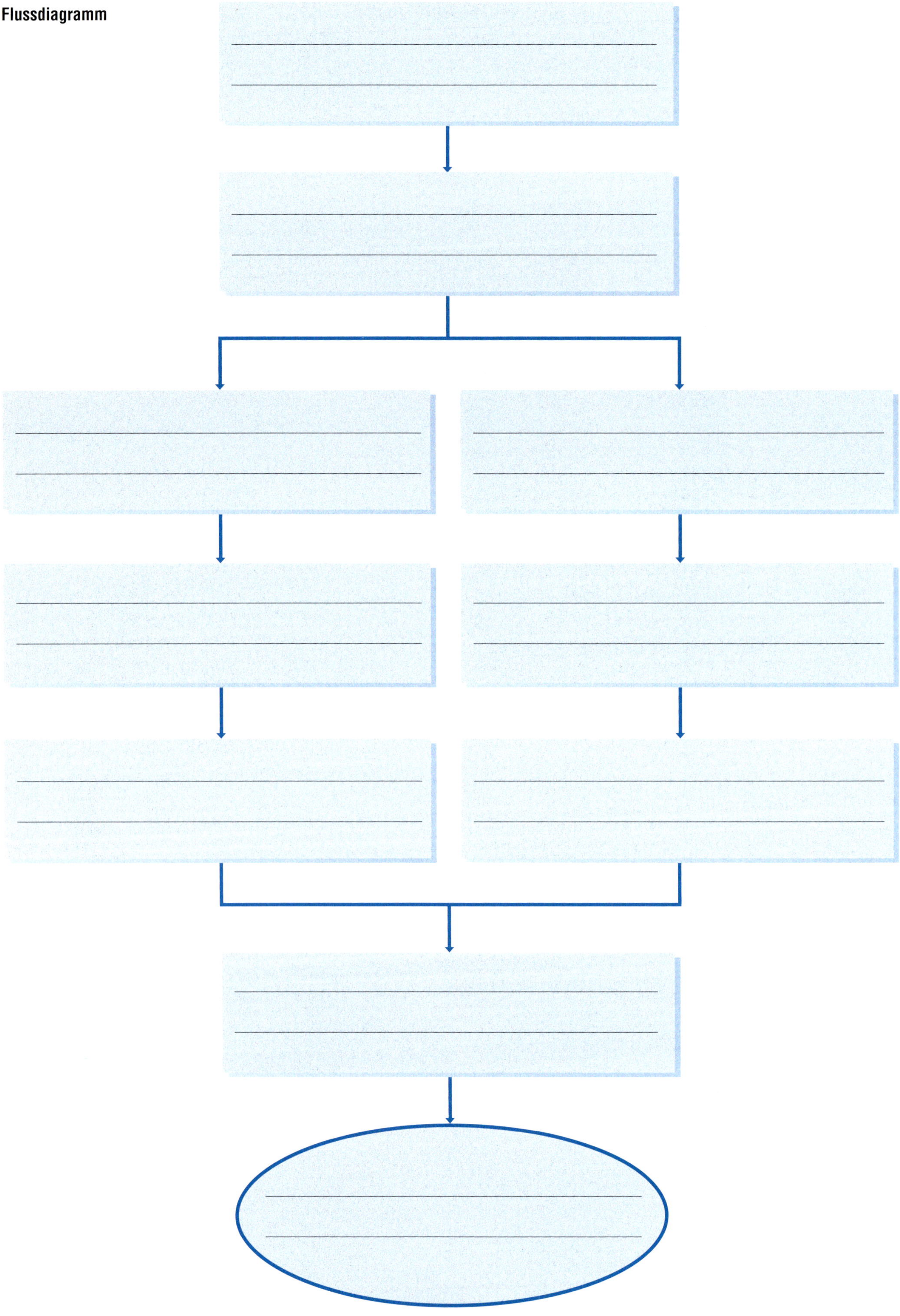

Materialien zum Thema „Biblische Bezüge in zwei Romanen der Postmoderne“

Text 1: ____________________

Patrick Süskind

Das Parfum (1)

Patrick Süskind erzählt in seinem Roman „Das Parfum“ das Leben eines Egozentrikers, der in totaler Ichbezogenheit versinkt. Dabei spielt der Autor immer wieder auf biblische Ereignisse an. Die folgenden Textauszüge beziehen sich z.B. auf die Berichte vom Begräbnis und der Auferstehung Jesu.

[…] hier, in der Gruft, lebte er eigentlich. Das heißt, er saß weit über zwanzig Stunden am Tag in vollkommener Dunkelheit und vollkommener Stille und vollkommener Bewegungslosigkeit auf seiner Pferdedecke am Ende des steinernen Ganges, hatte den Rücken gegen das Geröll gelehnt, die Schultern zwischen die Felsen geklemmt, und genügte sich selbst.
Man weiß von Menschen, die die Einsamkeit suchen: Büßer, Gescheiterte, Heilige oder Propheten. Sie ziehen sich vorzugsweise in Wüsten zurück, wo sie von Heuschrecken und wildem Honig leben. Manche wohnen auch in Höhlen und Klausen auf abgelegenen Inseln oder hocken sich – etwas spektakulärer – in Käfige, die auf Stangen montiert sind und hoch in den Lüften schweben. Sie tun das, um Gott näher zu sein. Sie kasteien sich mit der Einsamkeit und tun Buße durch sie. Sie handeln im Glauben, ein gottgefälliges Leben zu führen. Oder sie warten monate- oder jahrelang darauf, daß ihnen in der Einsamkeit eine göttliche Mitteilung zukomme, die sie dann eiligst unter den Menschen verbreiten wollen.
Nichts von alledem traf auf Grenouille zu. Er hatte mit Gott nicht das geringste im Sinn. Er büßte nicht und wartete auf keine höhere Eingebung. Nur zu seinem eigenen, einzigen Vergnügen hatte er sich zurückgezogen, nur, um sich selbst nahe zu sein. Er badete in seiner eigenen, durch nichts mehr abgelenkten Existenz und fand das herrlich. Wie seine eigene Leiche lag er in der Felsengruft, kaum noch atmend, kaum daß sein Herz noch schlug – und lebte doch so intensiv und ausschweifend, wie nie ein Lebemann draußen in der Welt gelebt hat. [R]

(Aus: Süskind, Patrick: Das Parfum. Die Geschichte eines Mörders, Diogenes Verlag, Taschenbuchausgabe, Zürich 1994, S. 157–158 [Originalausgabe 1985])

Text 2: ____________________

Das Neue Testament

Markus 15,46 ff. und 16; Lukas 23,50 ff.

Lesen Sie diese Auszüge in einer Ihnen zugänglichen Bibelausgabe nach und notieren Sie die bibliografischen Angaben (► S. 80 ff.):

____

____

____

____

Text 3: ______________________________

Patrick Süskind

Das Parfum (2)

Lesen Sie den Romanauszug auf ▶ S. 51 nach.

Text 4: ______________________________

Das Alte Testament

Genesis 1,12

Lesen Sie auch diesen Auszug in einer Ihnen zugänglichen Bibelausgabe nach.

Text 5: ______________________________

Gerhard Kaiser

Mutter Natur und die Dampfmaschine

Mögen viele zeitgenössische Autoren, Christen oder nicht, noch in einigem Rückbezug auf die Bibel und die christliche Tradition schreiben – etwa Bertolt Brecht, Günter Grass, Max Frisch und Friedrich Dürrenmatt –, so könnten doch die literarischen Texte unserer europäischen Überlieferung bald auf ein Publikum treffen, das, wie die Einäugigen, dreidimensionale Gegenstände nur noch zweidimensional erfaßt, weil biblische oder mythologische Anspielungen nicht mehr verstanden oder gar nicht mehr bemerkt werden. [R]

(Aus: Kaiser, Gerhard: Mutter Natur und die Dampfmaschine. Ein literarischer Mythos im Rückbezug auf Antike und Christentum, Verlag Rombach, Freiburg, 1. Aufl. 1991, S. 111)

Text 6: ______________________________

Christoph Ransmayr

Die letzte Welt

Ransmayrs Roman „Die letzte Welt" greift u.a. auf biblische Quellen, besonders aber auf die wichtigste literarische Verarbeitung alter Mythologien aus der Antike zurück: die „Metamorphosen" des Ovid. Die Hauptfigur des Romans verschlägt es nach Tomi am Schwarzen Meer:

In Tomi gab es an großen Häusern nur das Schlachthaus und eine finstere, aus Sandsteinblöcken aufgetürmte Kirche, deren Schiff mit feuchten Papierblumenkränzen, modernden Bildern, verrenkten, wie unter furchtbaren Torturen erstarrten Heiligenfiguren und einer eisernen Erlösergestalt geschmückt war, die im Winter so kalt wurde, daß den Andächtigen, die ihr verzweifelt die Füße küßten, manchmal die Lippen daran festfroren. [R]

(Aus: Ransmayr, Christoph: Die letzte Welt. Roman, Fischer Taschenbuch Verlag, Frankfurt/Main 1991, S. 25–26 [Originalausgabe: Greno Verlagsgesellschaft, Nördlingen 1988])

Text 7: ____________________

Esther F. Gehlhoff

Wirklichkeit hat ihren eigenen Ort (1)

Lesen Sie den Romanauszug auf ▶ S. 49 nach.

Text 8: ____________________

Esther F. Gehlhoff

Wirklichkeit hat ihren eigenen Ort (2)

Das nur zweimal Erwähnung findende Kirchengebäude [...] zeigt in seiner eigenwilligen Darstellung eine interessante Komponente der Repräsentation von Verfall und Hoffnungslosigkeit. Die aus Sandsteinblöcken aufgetürmte „finstere" Kirche ist von „Flechten und Schimmelpilzen" befallen. (LW 105)[1] Ihr Schiff schmücken „feuchte Papierblumenkränze", „modernde Bilder" und unheimlich wirkende Heiligenfiguren. (LW 25) Kurzum erfährt das Gotteshaus eine weitaus negativere Gestaltung als die ansonsten näher geschilderten – und ebenfalls von Menschenhand angelegten – Räumlichkeiten (Seilerei, Krämerladen oder Arachnes Umhausung). Ja, die Kirche wird dem Leser überdies in unmittelbarer Parallele zum Schlachthaus präsentiert. [...] Im Zusammenhang mit ihrer Größe (es geht an der Stelle um die räumlichen Möglichkeiten des Dorfes, Cyparis' gigantische Filme überhaupt zeigen zu können) nennt der Erzähler die Kirche Tomis eingangs in einem Atemzug mit dem Schlachthaus: Letzteres wird auch wieder mit in die Visualisierung der Kirche eingeblendet, endet doch die kurze Skizze wie zu Beginn mit der Parallelisierung von Gottes- und Schlachthaus. Bei der zweiten Szene, in der später die Kirche Tomis eine Rolle spielt, wird die Existenz dieser beiden Gebäude über das Leidens- bzw. Opfer-Motiv ineinander verschachtelt. Das explizit im Text erwähnte Leiden Christi (sein Opfer für die Menschheit) steht neben dem implizit zu lesenden Leiden des Schlachtviehs (auch die Tiere tragen Opfercharakter). Lichas [...], ein Missionar der Altgläubigen, der alljährlich zur Osterzeit „in der Dämmerung der verwahrlosten [...] Kirche" eine „endlose Litanei von Torturen" vorträgt, sorgt just für die Unterbrechung der letzten Filmvorstellung in Tomi. (LW 105) Um die Zuschauer an Karfreitag zum Gedenken an die „Leiden und Qualen des gekreuzigten Beherrschers der Welt" zu zwingen, stürzt Lichas „aus der Kirche auf die von Bildern strahlende Schlachthausmauer" zu. Schließlich, so endet diese Szene, läutet er „die einzige Glocke des Kirchturms, bis [...] die Schlachthausmauer" erlischt. (LW106) [R]

(Aus: Gehlhoff, Esther F.: Wirklichkeit hat ihren eigenen Ort: Lesarten und Aspekte zum Verständnis des Romans „Die letzte Welt" von Christoph Ransmayr, Schöningh Verlag, Paderborn/München/Wien 1998, S. 80 f.)

[1] ***LW*** *= Christoph Ransmayr: Die letzte Welt, Nördlingen 1988*

Text 9: ____________________

Litanei vom Leiden Christi

[...]
Jesus, der du uns Menschen bis zum Ende geliebt
Jesus, am Ölberg auf dein heiliges Angesicht niedergesunken
Jesus, dreimal flehentlich zum Vater betend
Jesus, in der Todesangst mit Blutschweiß überronnen
Jesus, vom treulosen Judas mit einem Kusse verraten
Jesus, von den Knechten mit Stricken gebunden
Jesus, von deinen Jüngern verlassen
Jesus, dem Annas und Kaiphas als ein Missetäter vorgestellt
Jesus, vom Knechte des Hohenpriesters ins Angesicht geschlagen
Jesus, von falschen Zeugen angeklagt
Jesus, des Todes schuldig erklärt
Jesus, verspottet, bespieen, verhüllt und verhöhnt
Jesus, von Petrus dreimal verleugnet
Jesus, gebunden dem Pilatus überliefert
Jesus, von Herodes in einem weißen Kleide verspottet
Jesus, dem Mörder Barábbas nachgesetzt
Jesus, mit Geißeln grausam geschlagen
Jesus, mit dem Purpurmantel schimpflich bekleidet
Jesus, mit Dornen gekrönt
Jesus, mit dem Rohr aufs Haupt geschlagen
Jesus, zum Tode des Verbrechers verurteilt
Jesus, mit der Last des Kreuzes beladen
Jesus, wie ein Lamm zur Schlachtbank geführt
Jesus, unter der Last des Kreuzes zusammengesunken
Jesus, deiner Kleider beraubt
Jesus, mit Nägeln ans Kreuz geschlagen
Jesus, am Kreuze noch verspottet und gelästert
Jesus, von brennendem Durst gequält
Jesus, dein Haupt in den Tod neigend
Jesus, dem Vater gehorsam, aus Liebe zu uns gestorben
Jesus, mit einer Lanze durchbohrt
Jesus, vom Kreuze abgenommen
Jesus, in das Grab gelegt
[...]

(Aus: Bischöfliches Generalvikariat Trier (Hrsg.): Gesang- und Gebetbuch für das Bistum Trier, Paulinus-Verlag, Trier 1955, S. 944)

Liudvikas Natalevicus: [Kreuzigung Christi], 1994

Text 10: ____________________

Genesis 6,5–9,15

6 [5]JHWH sah: Groß war die Boshaftigkeit des Menschen auf der Erde. Alles, was ihm am Herzen lag, all sein Denken und Planen, war voll Bosheit alle Tage. [6]Und JHWH bereute, daß er den Menschen auf der Erde gemacht hatte. Er fühlte sich gekränkt bis ins Herz. [7]Da sprach JHWH: Ausrotten will ich den Menschen, den ich geschaffen habe, ihn entfernen vom Angesicht der Erde; den Menschen, dazu noch das Vieh, die Kriechtiere und die Vögel des Himmels. Denn ich bereue, daß ich sie gemacht habe. [8]Noach aber fand Gnade in den Augen JHWHs. [...]

[13]Da sprach Gott zu Noach: Ich sehe: das Ende ist gekommen, für alles, was lebt. Denn die Menschen haben die Erde erfüllt mit Unrecht und Gewalt. Untergehen werden sie und mit ihnen die Erde. [14]Mache dir einen Kasten, und zwar aus Gofer-Holz, teile ihn in Kammern ein und dichte ihn von innen und außen ab mit Erdpech. [15]Und so groß soll der Kasten sein: dreihundert Ellen lang, fünfzig Ellen breit und dreißig Ellen hoch. [16]Oben soll der Kasten eine Öffnung für das Licht haben und eine Tür an der Seite. Ein unteres, ein mittleres und ein oberes Stockwerk sollst du machen. – [17]Ich, ich selbst, will Wasserfluten kommen lassen über die Erde und ertränken alles, was vergänglich ist, alles was Lebensatem hat unter dem Himmel; alles, was auf der Erde lebt, soll vernichtet werden. [18]Ich will aber aufrichten mit dir meinen Bund. Hineingehen sollst du in jenen Kasten, du, deine Söhne, deine Frau und deine Schwiegertöchter. [19]Und von allen Tieren sollst du ein Paar – ein männliches und weibliches Tier – in den Kasten führen, damit sie wie du am Leben bleiben. [...]

7 [...] [10]Und dann geschah es: Nach sieben Tagen kamen die Wasserfluten über die Erde. An diesem Tag brachen auf alle Quellen der großen Urflut und die Schleusen des Himmels öffneten sich. [12]Und es ergossen sich Wassermassen über die Erde, vierzig Tage und vierzig Nächte lang. [13]Jetzt ging Noach hinein in jenen Kasten und mit ihm seine Söhne Sem, Ham und Jafet, seine Frau und die Frauen seiner Söhne. [R]

Aus: Niehl, Franz W./Schöttler, Heinz-Günther: Der biblische Text (Gen 6,5–9,15). Übersetzung der Autoren. In: Materialbrief RU. Beiheft zu den Katechetischen Blättern, 2/1996: Noah, die Sintflut und die Arche, S. 3–5, hier: S. 3)

Text 11: ____________________

Esther F. Gehlhoff

Wirklichkeit hat ihren eigenen Ort (3)

Die Verweise auf den Wandel der Welt zu ihrer Auflösung deuten sich in allen Bereichen des Romans an. Das Leitmotiv *„Keinem bleibt seine Gestalt“* scheint für die gezeichneten Lebensräume – sowohl in der Ruinenstadt wie auch in der Residenz – Gesetz. Hier dokumentieren Dekadenz und Gehorsam einen fortschreitenden Verfall, die Auflösung der bestehenden Ordnung ist auch durch die Projektion einer Art von „Aussteigertum“ angedeutet. Während das Bild Roms jedoch eine an Pomp und diktatorischer Hybris erstickende Gesellschaft zeigt, wird in der Gegenwelt Tomi mit der Gestaltung des Lokalkolorits die Konkretisierung einer ihrem Ende entgegensterbenden Stadt vollzogen. Der latent dargestellte Verfall Tomis wird an einigen Textstellen expressiv in Szene gesetzt und suggeriert in Anlehnung an die Untergangsvisionen ein symbolhaft apokalyptisches Bild. [R]

(Aus: Gehlhoff, Esther F., op. cit., S. 70)

Text 12: ______________________________

Franz W. Niehl/Heinz-Günther Schöttler

Anmerkungen zur Auslegung der Noach-Sintflut-Erzählung

„Sintflut“: Alt- und mittelhochdeutsch *sin[t]vluot* meint eine große, allgemeine Überschwemmung, in der nach dem biblischem Bericht die Menschheit unterging. Gebildet ist das Substantiv mit der gemeingermanischen Vorsilbe *sin[ej-* = immerwährend, heftig, gewaltig. Sintflut meint also eine Totalkatastrophe. Seit dem 15. Jh. wird das Wort „in theologisch problematischer Deutung“ als *Sündflut* geschrieben. Die alte, philologisch korrekte Schreibweise *„Sintflut“* setzt sich erst im 20. Jh. wieder durch.

Form: Vordergründig betrachtet, gehört die Sintflut zu den urgeschichtlichen Erzählungen von Schuld und Strafe. Diese Sicht verkennt aber zu sehr, daß es um die Bewahrung und Stabilisierung der Schöpfung, ja um einen Neuanfang geht. Deshalb ist die Sintflutgeschichte als *„urgeschichtliche Erzählung von der Gefährdung und Wiederherstellung der Schöpfung“* zu bezeichnen.

Aspekte der Auslegung: Der Vergleich der biblischen Erzählung mit den im Alten Orient weit verbreiteten Erzählungen von einer urgeschichtlichen Menschheitskatastrophe durch eine „große Flut“ hilft, die Eigenart der biblischen Darstellung herauszuarbeiten. So läßt im altorientalischen Atramhasis-Mythos Enlil, der Hauptgott des babylonischen Pantheons, in seinem Ärger über die Störung seines (Mittags-)Schlafes durch den Lärm der Menschen sich dazu hinreißen, in „kalter Gleichgültigkeit“ die Vernichtung der Menschen zu beschließen. Erst nachdem die Götter grundlos und leichtfertig die Flut über die Menschen gebracht haben und die Schrecken der Flut mit ansehen müssen, beklagen sie ihren Beschluß. Die biblische Erzählung dagegen sieht im Verhalten der Menschen den Grund für die Sintflut (6,5). R

(Aus: Niehl, Franz W./Schöttler, Heinz-Günther: Anmerkungen zur Auslegung der Noach-Sintflut-Erzählung. In: Materialbrief RU. Beiheft zu den Katechetischen Blättern, 2/1996: Noah, die Sintflut und die Arche, S. 5–7, hier: S. 6)

Text 13: ______________________________

Esther F. Gehlhoff

Wirklichkeit hat ihren eigenen Ort (4)

Was die neuere (deutsche) „Katastrophenliteratur“ angeht, so manifestieren sich insgesamt in ihr Totalität, Entropie (hier: die Auflösung aller Ordnungs- und Herrschaftssysteme) und Irreversibilität als prägende Strukturmomente modernen Endzeitbewußtseins.[69]
Zweifelhaft ist sicherlich, ob diese „Endlosserie von Enden“ bzw. das „Spiel mit der Apokalypse“, worin sich ein entscheidendes Symptom postmoderner Literatur der 80er-Jahre-Dekade wiederfindet, noch als Gestus der Warnung ernstzunehmen ist, oder überhaupt als ein solcher ernstgenommen werden will. (Im Bereich des Films spiegelt sich die „Untergangskonjunktur“ in gleicher Weise. Bekannteste Beispiele sind u.a. *Apocalypse Now* [1979], *Atomic Cafe, The Day After, Radioactive Dreams* [1987].) R

69 Vgl. Gunter E. Grimm, Werner Faulstich u. Peter Kuon (Hrsg.): Einleitung, in: Apokalypse. Weltuntergangsvisionen in der Literatur des 20. Jahrhunderts, Ffm. 1986, S. 9f.

(Aus: Gehlhoff, Esther F., op. cit., S. 27)

5 Die Arbeit verfassen

5.1 Eine Gliederung der Arbeit entwerfen

Gliederungsprinzipien

1. Schauen Sie sich die beiden folgenden Beispiele für eine Gliederung an. Beide Prinzipien, die gemischte und die Dezimalklassifikation, eignen sich zur Gliederung einer Facharbeit. Für welches Prinzip möchten Sie sich entscheiden?

2. Entwerfen Sie analog zu diesem Beispiel eine Gliederung für Ihre Facharbeit. Dabei können Sie bei Ihrem Thema evtl. auf einzelne Unterpunkte der Gliederung verzichten. Führen Sie die Gliederung zunächst nach dem von Ihnen gewählten Prinzip in der dafür vorgesehenen rechten Spalte aus. Um schneller voranzukommen, können Sie die Ergebnisse im Kapitel „Das Material ordnen" (▶ S. 56 ff.) nutzen.

Gemischte Klassifikation

I. Einleitung
  1. Themenstellung
  2. Ziele der Arbeit
  3. Methode

II. Biblische Motive in der Postmoderne
  1. Literatur
  2. Film

III. Christoph Ransmayr: Die letzte Welt
  1. Kurze Inhaltsangabe
  2. Nachbarschaft von Kirche und Schlachthaus
  3. Vergänglichkeitsthematik
  4. Die Sintflut-Thematik
    a) „Sünde" in der biblischen Noach-Geschichte und in Tomi
    b) Sintflut – Die strafenden Fluten

IV. Patrick Süskind: Das Parfum
  1. Kurze Inhaltsangabe
  2. Grenouille als göttliches Wesen auf „Ego-Trip"
    a) Grenouille als „Schöpfer" der Welt
    b) Parallelen zur Geburt Jesu
    c) Der Jünger-Kult
    d) Grenouilles Selbstbegräbnis und die Grablegung Jesu
    e) Verspeisung bei der „Heiligen Kommunion"
  3. Himmelfahrten

V. Resümee

VI. Anhang
  1. Quellenverzeichnis
  2. Dokumente
    a) Materialien aus Printquellen
    b) Materialien aus dem Internet
  3. Selbstständigkeitserklärung

Dezimalklassifikation

1 Einleitung
1.1 Themenstellung
1.2 Ziele der Arbeit
1.3 Methode

2 Biblische Motive in der Postmoderne
2.1 Literatur
2.2 Film

3 Christoph Ransmayr: Die letzte Welt
3.1 Kurze Inhaltsangabe
3.2 Nachbarschaft von Kirche und Schlachthaus
3.3 Vergänglichkeitsthematik
3.4 Die Sintflut-Thematik
3.5 „Sünde" in der biblischen Noach-Geschichte und in Tomi
3.6 Sintflut – Die strafenden Fluten

4 Patrick Süskind: Das Parfum
4.1 Kurze Inhaltsangabe
4.2 Grenouille als göttliches Wesen auf „Ego-Trip"
4.2.1 Grenouille als „Schöpfer" der Welt
4.2.2 Parallelen zur Geburt Jesu
4.2.3 Der Jünger-Kult
4.2.4 Grenouilles Selbstbegräbnis und die Grablegung Jesu
4.2.5 Verspeisung bei der „Heiligen Kommunion"
4.3 Himmelfahrten

5 Resümee

6 Anhang
6.1 Quellenverzeichnis
6.2 Dokumente
6.2.1 Materialien aus Printquellen
6.2.2 Materialien aus dem Internet
6.3 Selbstständigkeitserklärung

Tipp

Setzen Sie Ihre Gliederung möglichst frühzeitig in entsprechende Kapitelüberschriften um, auch wenn sich unter einigen Zwischenüberschriften noch gar kein Text befindet.
Drucken Sie die Gliederung zusätzlich aus und legen Sie diese zur Orientierung neben den PC.
Beim Schreiben können Sie weitere Gedanken dann zügiger in Ihren Text einbauen.

3 Besprechen Sie Ihren Gliederungsentwurf mit Ihrem Fachlehrer/Ihrer Fachlehrerin, bevor Sie sich an die Ausarbeitung begeben (► „Beratungsgespräche", Termin 3, S. 94).

5.2 Zitate und Verweise sachgerecht integrieren

Kennzeichnungspflicht bei gedanklichen Übernahmen

Wenn Sie einer Quelle wichtige Gedanken entnehmen, müssen Sie diese **kennzeichnen**. Sonst setzen Sie sich einem Plagiatvorwurf aus (Plagiat = geistiger Diebstahl). Mit Quellenangaben, so wie sie in allen wissenschaftlichen Arbeiten üblich sind, sichern Sie sich gegen Plagiatvorwürfe und eventuelle Herabsetzungen der Note ab.
Inhaltliche Übernahmen von Gedanken aus fremden Quellen können sein:

- **Zitate,** also wortwörtliche Übernahmen, oder
- **sinngemäße Übernahmen,** bei denen der ursprüngliche Wortlaut verändert wurde, der Sinn aber beibehalten ist.

Das Zitieren und auch die sinngemäße Übernahme aus anderen Texten sind genau geregelt, damit Standards der Genauigkeit, der Nachprüfbarkeit und des Respekts vor dem geistigen Eigentum anderer eingehalten werden. Die Standards des wissenschaftlichen Arbeitens sind in diesem Fall viel strenger als z. B. journalistische Standards. Es sollte Ihnen aber bewusst sein, dass an Ihre Facharbeit die Maßstäbe wissenschaftlichen Arbeitens angelegt werden.

Zitate

1 Vollziehen Sie anhand der folgenden Zitate die „Regeln des Zitierens" nach (► S. 70). Notieren Sie neben dem Zitat jeweils die Regeln, die zur Anwendung gekommen sind.

2 Prüfen Sie die drei ersten Zitate genau. Eines verletzt die Regel A.

I. „[E]r [Genouille, Anm. d. Verf.] saß weit über zwanzig Stunden am Tag in vollkommener Dunkelheit und vollkommener Stille [. . .] auf seiner Pferdedecke am Ende des steinernen Ganges" (Süskind, S. 157).
► S. 61

II. Grenouille habe „die üblen Gestänke der Vergangenheit hinweggetilgt" (ebd., S. 161).
► S. 51

III. Im Mittelalter sei „das Wort sogar ‚in theologisch problematischer Deutung' als *Sündflut* geschrieben" worden (Materialbrief, S. 6).
► S. 66

IV. In Tomi habe es „an großen Häusern nur das *Schlachthaus* und eine finstere, aus Sandsteinblöcken aufgetürmte *Kirche*" [Hervorh. d. d. Verf.] gegeben, „deren Schiff mit [. . .] verrenkten, wie unter furchtbaren Torturen erstarrten *Heiligenfiguren* und einer eisernen *Erlösergestalt* [Hervorh. d. d. Verf.] geschmückt war" (Ransmayr, S. 25 f.).
► S. 62

V. Gehlhoff fährt fort: „In der Szene um das scheinbar farblos gewordene Meer nämlich, [sic!] läßt die taubstumme Arachne durch Echo [eine weitere Frauenfigur des Romans, Anm. d. Verf.] den verstörten Betrachtern das Schwefelgelb als Pinien-Blütenstaub erklären" (Gehlhoff, S. 73).
► S. 49

VI. Die Autorin spricht von „Anklänge[n] an ökologische Probleme der Gegenwart" (ebd.).
► S. 49

Info

Regeln des Zitierens

A. **Zitate sind wörtliche Übernahmen eines Wortes, mehrerer Wörter, ganzer Sätze oder auch ganzer Abschnitte. Am Wortlaut des Zitats darf nichts verändert werden.** Übernommen werden müssen auch Eigentümlichkeiten der Rechtschreibung und Zeichensetzung. Von diesem generellen Übernahmegebot gibt es nur wenige Ausnahmen (▶ Punkte F, G und I).

B. Will man klarstellen, dass es sich bei einer problematischen Schreibung oder einer problematischen Zeichensetzung nicht um einen eigenen Tippfehler, sondern um die Originalversion handelt, so kann man hinter die entsprechende Stelle ein „[sic!]“ setzen (sic: lat. für „So!“).

C. **Zitate werden am Anfang und am Ende durch Anführungszeichen kenntlich gemacht.** Diese Technik erlaubt es, Zitate in der gewünschten Länge aus einer Textquelle herauszulösen und z.B. Ausführungen wegzulassen, die für die eigene Arbeit nicht von Belang sind.

D. Zitiert man einen Text, in dem sich bereits ein Zitat befindet, so wird das Zitat im Zitat durch halbe Anführungszeichen kenntlich gemacht.

E. **Wenn Sie innerhalb eines Zitats ein Wort oder mehrere aufeinander folgende Wörter auslassen, so wird dies durch drei Punkte in eckigen Klammern gekennzeichnet.**

F. **Zitate, die in den eigenen Satzbau integriert sind, werden grammatisch angepasst.** Veränderungen, die Sie deswegen innerhalb des Zitats vornehmen (z.B. eine angefügte, vom Original abweichende Kasusendung, vom Original abweichende Groß- oder Kleinschreibung am Anfang eines Wortes usw.), werden durch eckige Klammern um die veränderten bzw. hinzugefügten Buchstaben oder Wörter kenntlich gemacht.

G. Wenn ein Zitat mit einem Pronomen beginnt, dessen Bezug in Ihrem laufenden Text unklar wäre, dann können Sie nach diesem Pronomen in eckigen Klammern einen Zusatz machen, der den Bezug klärt. Auch aus anderen Gründen sind Zusätze möglich. In diesem Fall fügen Sie in der Klammer „Anm. d. Verf.“ (für: „Anmerkung des Verfassers/der Verfasserin“) hinzu.

H. Sind in einer Quelle Wörter oder Sätze kursiv gesetzt oder auf andere Weise hervorgehoben, so wird dies im Zitat übernommen.

I. Will man selbst in einem Zitat Wörter abweichend vom Originaltext durch Kursivschrift hervorheben, so ist dies nur dann möglich, wenn man in der Klammer nach dem Zitat den Zusatz „Hervorh. d. d. Verf.“ (für „Hervorhebung durch den/die Verfasser/in“) einfügt.

J. **Kürzere Zitate werden in den laufenden Text integriert, längere Zitate bilden einen eigenen Abschnitt, der einzeilig gesetzt und evtl. eingerückt wird.**

K. **Nach einem Zitat ist in einer Klammer die Quelle anzugeben.** Für die Quellenangabe im laufenden Text wählt man am besten eine Kurzform (z.B.: Autor, Erscheinungsjahr seines Werkes und Seite); in einem Literaturverzeichnis am Ende der Arbeit werden dann die vollständigen Angaben gemacht (▶ S. 80ff.).

L. Wenn Sie eine Quelle in einem Abschnitt mehrfach zitieren, reicht ein Sammelnachweis der Quelle nach dem letzten Zitat.

M. Wenn Sie eine Quelle in einem Text mehrfach zitieren, jedoch in größeren Abständen, dann verwenden Sie beim ersten Mal die oben angegebene Kurzform der Quellenangabe, in den folgenden Fällen notieren Sie am Ende des Zitats jeweils in Klammern nur noch „ebd.“ (für „ebenda“) oder „op.cit.“ (lat. für „zitiertes Werk“).

N. Wenn Sie bei Sammelnachweisen auf zwei Seiten verweisen, geben Sie in der Klammer die erste Seite an und fügen ein „f.“ (für: folgende) hinzu. Sind die Zitate mehr als zwei Seiten entnommen, fügen Sie der ersten Seitenzahl ein „ff.“ hinzu (für: mehrere folgende Seiten).

Hinweis: Eckige Klammern erhalten Sie z.B. im Textverarbeitungsprogramm „Word“ über: „Einfügen“ ▶ „Sonderzeichen“.

Info

Häufige Fehler beim Zitieren

Schülerinnen und Schülern, die das Zitieren nicht gewohnt sind, unterlaufen immer wieder typische Fehler:

- **Verfälschung der ursprünglichen Aussageabsicht:** Der Textzusammenhang, aus dem das Zitat stammt, wird nur oberflächlich zur Kenntnis genommen. Das aus dem Quellentext herausgelöste und in den eigenen laufenden Text integrierte Zitat bekommt einen anderen Sinn als im Ursprungstext.
  ▶ Nach jedem Zitieren sollten Sie noch einmal überprüfen, ob die ursprüngliche Aussageabsicht des Autors/der Autorin wirklich beibehalten worden ist.
- **Zu häufiges Zitieren:** Manchmal bestehen (Teile von) Arbeiten aus einer Aneinanderreihung von Zitaten, die eine eigenständige gedankliche Verarbeitung kaum noch erkennen lassen. Oft geht gar ein durchgehender Gedankengang verloren.
  ▶ Verwenden Sie Zitate dann, wenn Sie mit ihnen eine bestimmte Beweisführung verbinden können. Verwenden Sie Zitate nicht als Ersatz für eigene Gedankenentwicklung. Werten Sie jedes Zitat in den nachfolgenden eigenen Ausführungen mit aus.
- **Unnötiges Zitieren:** Manchmal fehlt einem Verfasser/einer Verfasserin ein Gespür dafür, welche Aussagen einer Quelle ein Zitat wert sind und welche nicht. Zitate sollten auf wichtige Sachverhalte konzentriert werden.
  ▶ Nebensächlichkeiten, eher selbstverständliche Äußerungen von Ausgangstexten oder auch Begriffserklärungen sollten nicht zitiert werden.
- **Fehlende Zitate**: Wenn Sie gar nicht oder kaum zitieren – und wenn dann auch noch das Quellenverzeichnis (▶ S. 80 ff.) sehr kurz ist –, dann liegt der Verdacht nahe, dass Sie zu wenig Zeit und Kraft in die Recherche investiert haben. Von einer Facharbeit, die an wissenschaftliche Standards heranführen soll, kann man jedoch erwarten, dass Sie sich zumindest ansatzweise sachkundig machen und ermitteln, was andere Autorinnen und Autoren zu dem von Ihnen gewählten Thema bereits veröffentlicht haben.
  ▶ Machen Sie mit Zitaten klar, dass Sie sich um eine Kenntnisnahme des aktuellen Wissensstandes zum Thema bemüht haben.
- **Syntaktisch unvollständiges Zitieren:** Diesen Fehler findet man in Schülerarbeiten sehr häufig. Die Verfasserinnen und Verfasser beginnen ein etwas längeres Zitat, möchten dann jedoch Zeit sparen und brechen das Zitat mitten im Satz ab. Mit drei Pünktchen möchten Sie dann anzeigen, dass das Zitat eigentlich noch weitergeht. Der Leser wird so genötigt, die Textstelle selbst zu suchen und zu schauen, wie es weitergeht. Ein solches Verfahren ist unprofessionell.
  ▶ Ein Zitat und eventuelle Zusätze des Verfassers/der Verfasserin sollten immer vollständige Sätze ergeben. Man kann nicht davon ausgehen, dass die Leserinnen und Leser einer Facharbeit sich notwendige Ergänzungen von Zitaten selbst zusammensuchen.

Hinweis: Fachbegriffe, die Sie in der Fachliteratur finden und die Sie in Ihre Arbeit übernehmen, werden nicht als Zitate ausgewiesen. Diese gelten als Allgemeingut; eine Übernahme führt nicht zu einem Plagiatvorwurf. Das Gleiche gilt z. B. für historische Daten und Fakten. Quellenpflichtig sind nur bestimmte, einem Autor/einer Autorin zurechenbare Einsichten und Formulierungen.

Sinngemäße Übernahme

Sinngemäße Übernahmen, bei denen Sie den Wortlaut von Ausgangstexten verändern, den Sinn aber beibehalten, lassen sich oft leichter in den eigenen Text integrieren als Zitate; denn bei sinngemäßen Übernahmen können Sie Aussagen z. B. auch zusammenfassen oder ihre Reihenfolge ändern. Wenn Sie Gedanken eines anderen Autors/einer anderen Autorin nicht wörtlich, sondern nur dem Sinne nach übernehmen, müssen Sie dies allerdings ebenfalls kenntlich machen.

1. Studieren Sie die folgenden sinngemäßen Übernahmen aus dem Text 5 auf ▶ S. 62.
2. Vergleichen Sie den Text mit dem Original.

Kaiser verweist darauf, dass viele zeitgenössische Autoren, z.B. Bertolt Brecht, Günter Grass, Max Frisch und Friedrich Dürrenmatt, sich bei ihrem Schreiben noch auf die christliche Tradition bezögen.
Allerdings könnten die literarischen Texte unserer europäischen Überlieferung bald auf ein Publikum treffen, das laut Kaiser biblische oder mythologische Anspielungen nicht mehr verstehe. Kaiser vergleicht diesen Verlust der Wahrnehmungsfähigkeit mit dreidimensionalen Gegenständen, die – wie etwa von Einäugigen – nur noch zweidimensional erfasst würden (vgl. Kaiser 1991, S. 111).

3. Vollziehen Sie an diesem Beispiel die folgenden Regeln nach.

Info

Regeln für die sinngemäße Übernahme

- Bei sinngemäßen Übernahmen muss man sich darum bemühen, die **Aussageabsicht** des Autors/der Autorin, auf den/die man sich beruft, möglichst genau zu treffen. Sinnentstellende Übernahmen sind zu vermeiden.
- Um sprachlich deutlich zu markieren, dass gerade nicht eigene Positionen entwickelt, sondern die eines anderen referiert werden, sollte man bei sinngemäßen Übernahmen den Konjunktiv der **indirekten Rede** verwenden oder auf andere Weise sprachlich markieren, dass nicht eigene Überlegungen formuliert werden (▶ S. 73).
- Am Ende einer sinngemäßen Übernahme folgt in Klammern ein Verweis auf die **Quelle**, der durch ein „vgl." (Abkürzung von „vergleiche") gekennzeichnet wird.
- Wenn Sie einen Text sinngemäß übernehmen, wenden Sie die neue Rechtschreibung auf ihn an.

Sprachliche Besonderheiten der Textwiedergabe – Konjunktiv der indirekten Rede und sprachliche Ersatzformen

Info

Konjunktiv in der indirekten Rede

In der indirekten Rede steht normalerweise der **Konjunktiv I.** Kann der Konjunktiv I nicht verwendet werden, weil die Form sich nicht von der entsprechenden Form des Indikativs unterscheidet, tritt der **Konjunktiv II** an seine Stelle.

Einleitungssatz		abhängiger Satz
Die Autorin sagt (sagte, hat gesagt, wird sagen), …	*vorzeitig*	er habe sich gesorgt **Konj. I (Sing.)** sie hätten sich gesorgt **Konj. II (Plural)**
	gleichzeitig	er äußere Beschwerden **Konj. I (Sing.)** sie äußerten Beschwerden **Konj. II (Plural)**
	nachzeitig	es werde verschwinden **Konj. I (Sing.)** sie würden verschwinden **Konj. II (Plural)**

Bildung der Formen

Tempus	**Indikativ**	**Konjunktiv I** *(Bildung: Ableitung vom Infinitiv, -e- + Personalendung)*	**Konjunktiv II** *(Bildung: Ableitung vom Präteritum Indikativ, bei starken Verben mit einem Umlaut: a, o, u zu ä, ö, ü)*
Präsens	ich schreibe / ich weiß du schreibst / du weißt er schreibt / er weiß wir schreiben / wir wissen ihr schreibt / ihr wisst sie schreiben / sie wissen	ich schreibe / ich wisse du schreibest / du wissest er schreibe / er wisse wir schreiben / wir wissen ihr schreibet / ihr wisset sie schreiben / sie wissen *(wenn Konj. I wie Indikativ ► ersetzen durch Konj. II)*	ich schriebe / ich wüsste du schriebest / du wüsstest er schriebe / er wüsste wir schrieben / wir wüssten ihr schriebet / ihr wüsstet sie schrieben / sie wüssten
Vergangenheits-formen *(für Präteritum, Perfekt und Plusquamperfekt im Indikativ gibt es nur* eine *Form des Konjunktivs!)*	sie wusste sie hat gewusst sie hatte gewusst es gelang es ist gelungen es war gelungen	sie habe gewusst es sei gelungen	sie hätte gewusst es wäre gelungen
Futur	sie wird schreiben	sie werde schreiben	sie würde schreiben

1 Fügen Sie in der folgenden Einsetzübung die passende Form des Verbs ein. In Klammern ist die Verbform des Originaltextes (Text 13, ▶ S. 66) vorgegeben.
Orientieren Sie sich in Zweifelsfällen an den Regeln auf ▶ S. 73.

Einsetzübung 1:

Was die neuere (deutsche) „Katastrophenliteratur" <angeht> ____________________, so <manifestieren> ____________________ sich insgesamt in ihr Totalität, Entropie und Irreversibilität als prägende Strukturmomente modernen Endzeitbewusstseins, erklärt die Autorin. Zweifelhaft <ist> ____________ sicherlich, ob diese „Endlosserie von Enden" bzw. das „Spiel mit der Apokalypse", worin sich ein entscheidendes Symptom postmoderner Literatur der 80er-Jahre-Dekade <wiederfindet> ____________________, noch als Gestus der Warnung ernst zu nehmen <ist> ____________ oder überhaupt als ein solcher <ernst genommen werden will> ______________________________ ______________________________.

2 In den folgenden Übungen sollen alle Sätze in die indirekte Rede gesetzt werden. Entscheiden Sie selbst, welche Verben dabei in den Konjunktiv zu setzen sind und welche nicht. Die sinngemäßen Übernahmen beziehen sich auf die Texte 12 und 11 auf ▶ S. 65 f.

a Streichen Sie zunächst diejenigen Verbformen durch, die ersetzt werden müssen.

b Vollziehen Sie dann in den vorgesehenen Lücken die grammatischen Umwandlungen.

Einsetzübung 2:

Der Vergleich der biblischen Erzählung mit den im alten Orient weit verbreiteten Erzählungen von einer urgeschichtlichen Menschheitskatastrophe durch eine „große Flut" hilft ____________________, die Eigenart der biblischen Darstellung herauszuarbeiten ____________ ____________________. So lässt ____________________ sich im altorientalischen Atramhasis-Mythos Enlil, der Hauptgott des babylonischen Pantheons, in seinem Ärger über die Störung seines (Mittags-)Schlafes durch den Lärm der Menschen dazu hinreißen ____________________, in „kalter Gleichgültigkeit" die

Einsetzübung 2:

Vernichtung der Menschen zu beschließen ________________________.
Erst nachdem die Götter grundlos und leichtfertig die Flut über die Menschen gebracht haben ________________________ und die Schrecken der Flut mit ansehen ____________________ müssen ________________, beklagen ______________________ sie ihren Beschluss. Die biblische Erzählung dagegen sieht ________________________ im Verhalten der Menschen den Grund für die Sintflut.

Einsetzübung 3:

Die Verweise auf den Wandel der Welt zu ihrer Auflösung deuten ________________________ sich, so Gehlhoff, in allen Bereichen des Romans an. Das Leitmotiv „Keinem bleibt seine Gestalt" scheint ______________________ für die gezeichneten Lebensräume – sowohl in der Ruinenstadt wie auch in der Residenz – Gesetz. Hier dokumentieren ______________________________ Dekadenz und Gehorsam einen fortschreitenden Verfall, die Auflösung der bestehenden Ordnung ist _________ auch durch die Projektion einer Art von „Aussteigertum" angedeutet ______________________. Während das Bild Roms laut Gehlhoff jedoch eine an Pomp und diktatorischer Hybris erstickende Gesellschaft zeigt ___________, wird ___________ in der Gegenwelt Tomi mit der Gestaltung des Lokalkolorits die Konkretisierung einer ihrem Ende entgegensterbenden Stadt vollzogen __________________.
Die Autorin sagt, dass der latent dargestellte Verfall Tomis an einigen Textstellen expressiv in Szene gesetzt wird ________________ und in Anlehnung an die Untergangsvisionen ein symbolhaft apokalyptisches Bild suggeriert wird ___________________________.

5.3 Unterstützende Tabellen, Diagramme und Grafiken erstellen

Diagramme

Mit Hilfe von Diagrammen können Sie

- Informationen logisch strukturieren und sie
- zugleich visualisieren.

Diagramme sind also nicht nur ein Darstellungsmittel. Sie helfen Ihnen auch, Sachverhalte weiter analytisch zu durchdringen und zu begreifen. Nutzen Sie daher die Gelegenheit, Ihre Facharbeit abwechslungsreich zu gestalten und sie zugleich gedanklich zu optimieren.

1 Prüfen Sie, welche Diagramm-Formen aus den beiden folgenden Kästen geeignet sind, die von Ihnen erarbeiteten Sachverhalte darzustellen. Markieren Sie diese Sachverhalte farblich.

2 Gestalten Sie entsprechende Diagramme und fügen Sie diese in Ihre Facharbeit ein.

Info

Diagramme für quantitative Informationen

Ergebnisse empirischer Untersuchungen können in Form von Diagrammen dargestellt werden. Zur Auswahl stehen z.B.:

Säulendiagramm

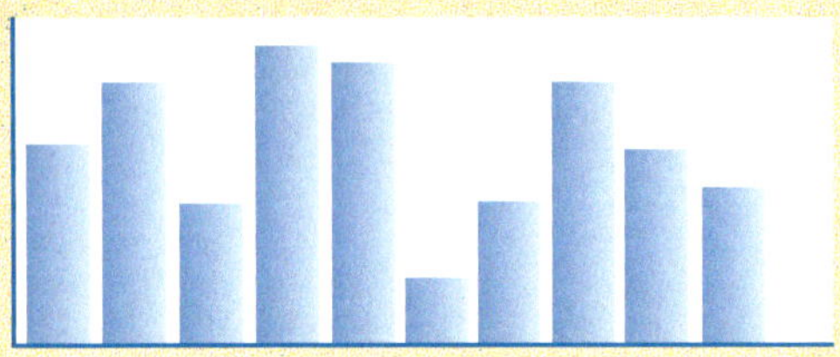

Balkendiagramm

Torten- oder Kreisdiagramm

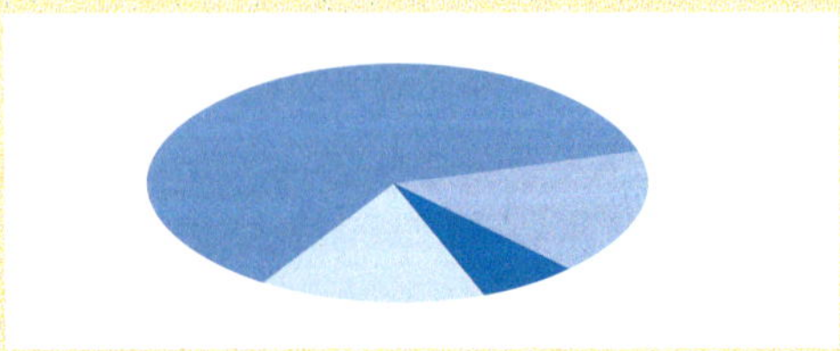

Kurvendiagramm

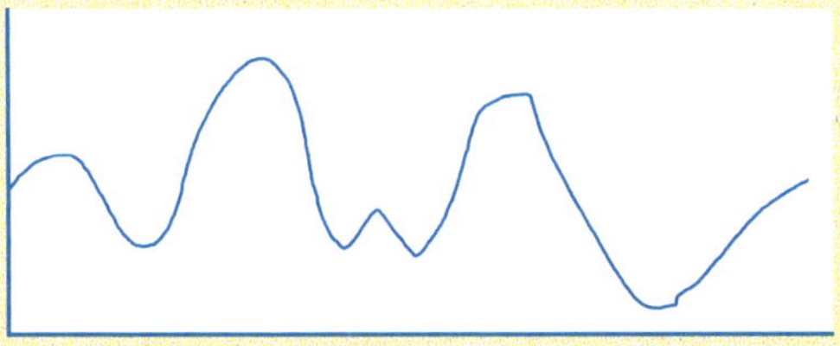

Flächendiagramm

Blasendiagramm

Viele PC-Programme bieten Ihnen Hilfen zur Diagramm-Erstellung. Ein Beispiel ist der Diagramm-Assistent in „Microsoft Excel".

Info

Diagramme zur Darstellung gedanklicher Zusammenhänge

Andere Diagrammformen eignen sich dazu, qualitative Aussagen strukturiert und übersichtlich zu präsentieren. Sie können wählen zwischen:

Zweigdiagramm

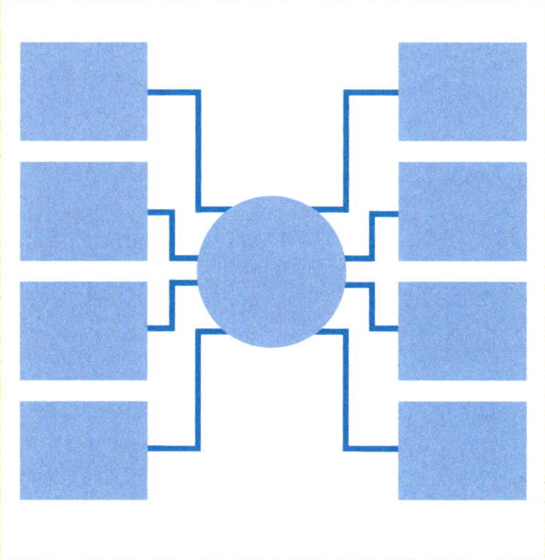

Netzdiagramm

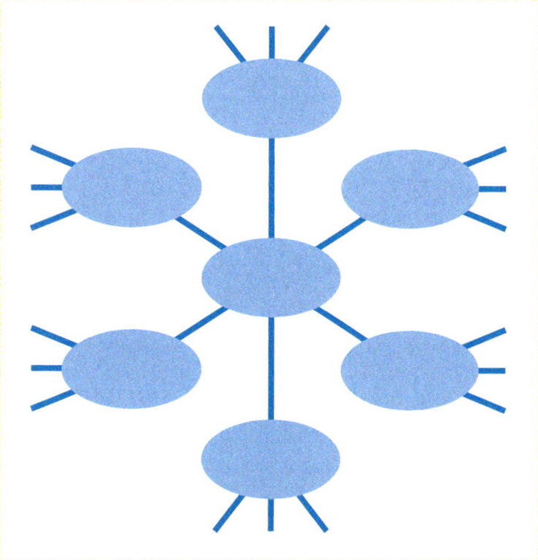

Baumdiagramm

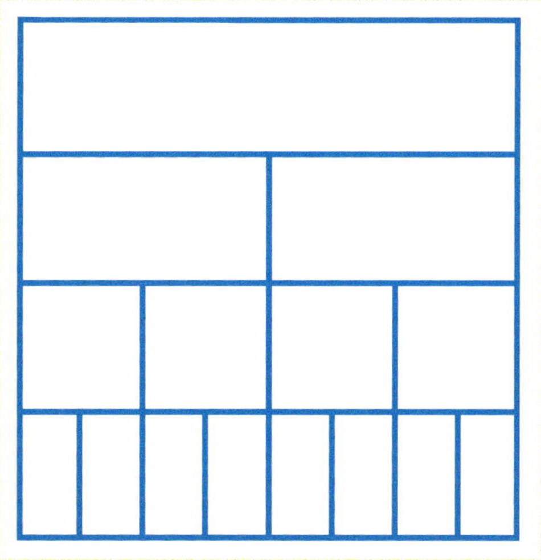

Flussdiagramm

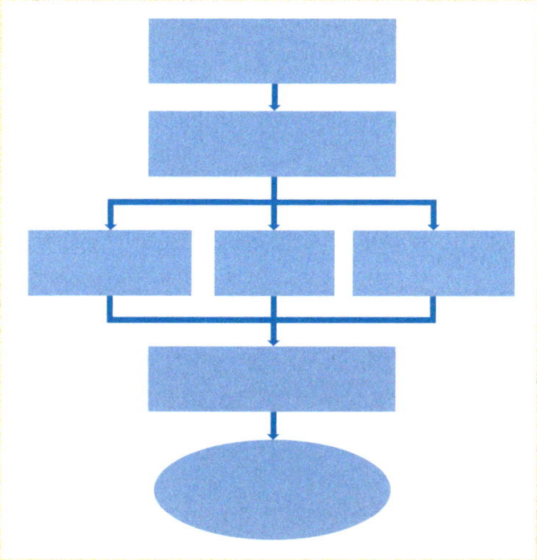

Tabellen

Auch Tabellen eignen sich dazu, gedankliche Zusammenhänge in strukturierter Form darzustellen. Dabei können Sie zwei oder mehr Aspekte (Spalten) gedanklich aufeinander beziehen. Tabellen sind besonders für **vergleichende Untersuchungen** hilfreich.

1. Setzen Sie einige Ergebnisse Ihrer Facharbeit in einer zwei- oder dreispaltigen Tabelle um.
2. Fügen Sie auch diese Tabellen in Ihre Facharbeit ein.

Aspekt 1: ______	Aspekt 2: ______

Aspekt 1: ______	Aspekt 2: ______	Aspekt 3: ______

Grafiken

1 Grafiken sind in der Gestaltung sicherlich etwas aufwändiger als Tabellen und Diagramme. Nutzen Sie evtl. auch die folgenden Möglichkeiten, um Befunde Ihrer Facharbeit visuell zu unterstützen.

Info

Grafische Darstellungsweisen

Schnittmengengrafik

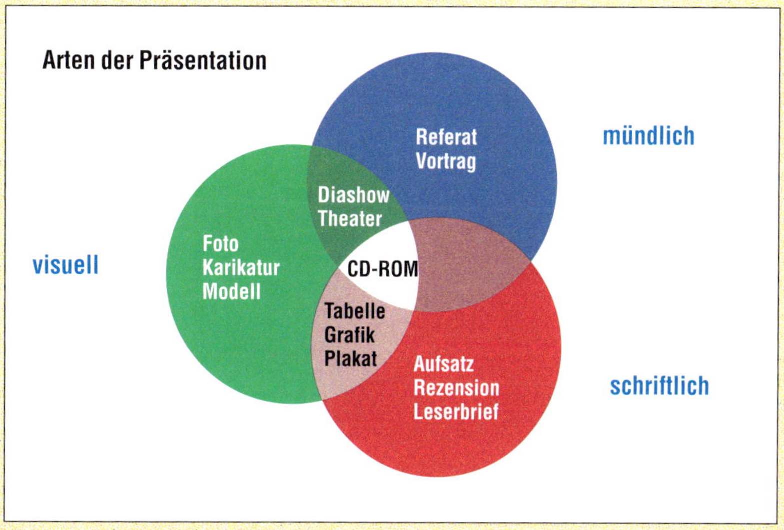

Zahlenbild

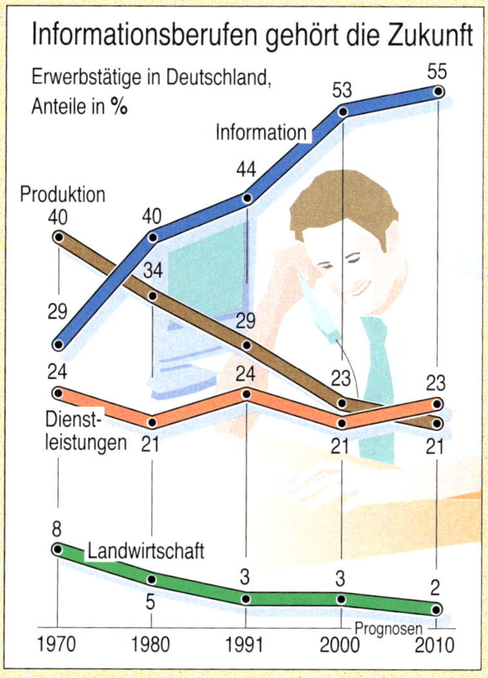

Karikatur

2 Beraten Sie sich mit Ihrem Fachlehrer/Ihrer Fachlehrerin, wenn beim Schreiben der Textentwürfe oder beim Integrieren von Zitaten, Diagrammen, Grafiken etc. Schwierigkeiten aufgetaucht sind (▶ „Beratungsgespräche", Termin 4, S. 94).

5.4 Ein Quellenverzeichnis anlegen

Regeln des Bibliografierens

Für den Anhang Ihrer Facharbeit müssen Sie in der Regel ein Quellenverzeichnis (Bibliografie) erstellen. Darin weisen Sie die Herkunft von Ihnen verwendeter Texte und Materialien mit möglichst umfassenden Angaben nach. Ein Quellenverzeichnis

- erlaubt es den Leserinnen und Lesern, Quellen nachzuprüfen,
- ermöglicht es interessierten Leserinnen und Lesern, an den Quellen weitere Informationen zum Thema zu finden,
- versetzt die Leserinnen und Leser in die Lage zu überprüfen, welche Literatur Sie insgesamt zurate gezogen haben (wie breit Sie also recherchiert haben),
- erlaubt es Ihnen, im laufenden Text Ihrer Arbeit nur Kurzangaben zu den Quellen zu machen, damit der Lesefluss nicht gestört wird und damit das umständliche Nachblättern in einem Anmerkungsapparat vermieden werden kann.

Im Quellenverzeichnis sollten Sie auch Literatur angeben, die Sie zwar zur Kenntnis genommen, aus der Sie aber nichts zitiert haben und auf die Sie auch nicht verweisen wollen.
Bei Ihren Literaturrecherchen werden Sie festgestellt haben, dass Quellenverzeichnisse nach unterschiedlichen Regeln aufgebaut werden können. Im Folgenden bekommen Sie *einen* Vorschlag an die Hand. Sie können sich auch an ein anderes System halten. Auf jeden Fall sollten Sie Ihr Quellenverzeichnis jedoch nach *einheitlichen* Regeln zusammenstellen.

1 Schauen Sie sich die Quellenangaben zu den Materialien auf ► S. 61 ff. an. Um sie zu einem Verzeichnis zusammenzustellen, muss man sie – nach den Autorennamen – **alphabetisch ordnen**. Angaben zum Verlag oder zur Taschenbuch- bzw. Hardcover-Ausgabe können entfallen. Stellen Sie ein solches Quellenverzeichnis zusammen:

Quellenverzeichnis

Bischöfliches Generalvikariat Trier ______________________

____

____

____

____

____

____

____

____

Süskind, Patrick: ______________________

____

2 Notieren Sie in der rechten Spalte der folgenden Tabelle die Nummern derjenigen Texte auf ▶ S. 61 ff., deren Literaturangaben dem jeweils dargestellten Typ von Quellenangabe zuzuordnen sind. Schauen Sie die bibliografischen Angaben dabei noch einmal genau an und prägen Sie sich die Abfolge der Einzelinformationen ein.

3 Tragen Sie die Quelle eines Internettextes ein, den Sie zu Ihrem Thema gefunden haben.

4 Beginnen Sie nun mit Ihrem eigenen Quellenverzeichnis, indem Sie alle Titel, die Sie bisher ausgewertet haben, nach den angegebenen Regeln zusammenstellen.

Typ der Quellenangabe	**Beispiel** (die angegebenen Titel können Sie zur weiterführenden Information nutzen)	**Nummern der Texte und Literaturangaben auf S. 61 ff.**
Buch: Monografie (ein Autor) *Autorenname, Vorname:* Titel. Untertitel, Verlagsort Erscheinungsjahr	*Brauckmann, Werner:* Die Facharbeit, Berlin 2001	
Buch: mehrere Autoren *1. Autorenname, Vorname/2. Autorenname, Vorname:* Titel. Untertitel, Verlagsort Erscheinungsjahr	*Koechlin, Carol/Zwaan, Sandi:* Informationen beschaffen, bewerten, benutzen. Basistraining Informationskompetenz, Mülheim an der Ruhr 1998	
Buch: Sammelband mit Herausgeber(n) *Name des Herausgebers, Vorname* (Hrsg.): Titel. Untertitel, Verlagsort Erscheinungsjahr	*Hug, Theo* (Hrsg.): Einführung in das wissenschaftliche Arbeiten, Baltmannsweiler 2001	
Aufsatz aus Sammelband *Autorenname, Vorname:* Titel. Untertitel. In: Vorname Herausgebername (Hrsg.): Titel. Untertitel, Verlagsort Erscheinungsjahr, Seitenangaben	*Kiel, Ewald:* Grundzüge wissenschaftlichen Zitierens gedruckter Publikationen. In: Theo Hug (Hrsg.): Einführung in das wissenschaftliche Arbeiten, Baltmannsweiler 2001, S. 214–221	
Zeitschriftenaufsatz *Autorenname, Vorname:* Titel des Aufsatzes. Untertitel. In: Name der Zeitschrift, Nummer der Zeitschrift/Bandnummer bzw. Jahrgang, Seitenangaben	*Schulz von Thun, Friedemann:* Auch Sie können aus dem Stegreif visualisieren! In: Pädagogik, 10/1994, S. 11–14	
Zeitungstext *Autorenname, Vorname:* Titel. Untertitel. In: Zeitungsname, Erscheinungsdatum, Seite	*Spiewak, Martin:* Im Express zum Abitur. Deutsche Schulpolitiker wollen den begabten Nachwuchs künftig stärker fördern. In: DIE ZEIT, 8. März 2001, S. 41	
Archivfund *Bezeichnung des Funds.* Name des Archivs. Raum-, Magazin, Dokumentnummer	*Menschlicher Schädelfund 4: Warstein.* Städtisches Museum Haus Kupferhammer. Bodenmagazin. Raum C 4, Schrank 3, Nr. 489	
mündliche Auskunft *Autorenname, Vorname:* Telefonische Mitteilung, Datumsangabe	*Mayer, Klaus:* Telefonische Mitteilung, 17. Februar 2002	
Fund aus dem Internet *Autorenname, Vorname:* Titel. Untertitel. URL [= ausführliche Adresse im Internet] (Stand: [Datum des Abrufs aus dem Internet])		

Weitere Hinweise

- Als Zeitungen bezeichnet man periodisch erscheinende Druckwerke, die täglich oder wöchentlich herauskommen und die in der Regel nicht geheftet sind.
- Zeitschriften erscheinen regelmäßig in größeren Abständen; sie sind geheftet.
- Wenn es bei Büchern oder Aufsätzen mehrere Autorinnen und/oder Autoren gibt, kann man sich darauf beschränken, den ersten Autorennamen mitzuteilen; auf die Existenz der anderen wird anschließend mit einem „u.a." (= „und andere") hingewiesen.
- Über die oben aufgeführten Informationen hinaus enthalten Quellenhinweise ab und zu noch weitere Angaben; z. B. können Angaben zum Verlag, zur Auflage (ab der 2. Auflage), zur Übersetzerin/zum Übersetzer eines Werkes oder zu einer Buchreihe gemacht werden, in der ein Werk erschienen ist.

Abkürzungen

In Literaturangaben finden Sie oft Abkürzungen, die für Sie evtl. nicht auf Anhieb verständlich sind. Solche Abkürzungen sind standardisiert und finden sich in allen Literaturangaben und Quellenverzeichnissen von Publikationen mit wissenschaftlichem Anspruch.

1. Machen Sie sich anhand der folgenden Übersicht mit einigen wichtigen Abkürzungen vertraut.
2. Nutzen Sie diese Abkürzungen auch in Ihrem eigenen Quellenverzeichnis.

Abkürzung	Auflösung	Abkürzung	Auflösung
Abb.	Abbildung	Mitarb.	Mitarbeiter/in
Anh.	Anhang	mtl.	monatlich
Anm.	Anmerkung	n. Ausg.	neue Ausgabe
Aufl.	Auflage	Nachw.	Nachwort
Ausg.	Ausgabe	o. J.	ohne Jahr(esangabe)
Bd.	Band	o. O.	ohne Ort(sangabe des Verlags)
Bde.	Bände	Orig.	Original
Bearb.	Bearbeiter/in	R.	Reihe
bearb.	bearbeitet (von)	Red.	Redaktion
Beih.	Beiheft	repr.	Reprint/Nachdruck
Bibl.	Bibliografie	rev.	revidiert(e Ausgabe)
Dok.	Dokument	S.	Seite(n)
erw.	erweiterte (Ausgabe)	s.	siehe
f.	folgende Seite	Samml.	Sammlung
ff.	folgende Seiten	übers.	übersetzt (von)
Forts.	Fortsetzung	Übers.	Übersetzung (von)
ges.W.	gesammelte Werke	Verf.	Verfasser/in
Handb.	Handbuch	verf.	verfasst (von)
Hrsg./ Hg.	Herausgeber/in	Verl.	Verlag
hrsg.	herausgegeben (von)	Verz.	Verzeichnis
Ill.	Illustration(en)	vj.	vierteljährlich
ill.	illustriert	vgl.	vergleiche
Jb.	Jahrbuch	Vorw.	Vorwort
Jg.	Jahrgang	Z.	Zeitschrift
Kap.	Kapitel	Zs.	Zeitschriften
Kt.	Karte(n)		

6 Den Text überarbeiten

6.1 Eine Überarbeitungsstrategie

Wenn Sie den letzten Punkt unter den Text Ihrer Facharbeit gesetzt haben, geht es an das Korrigieren; denn es wäre schade, wenn der Gesamteindruck Ihrer Arbeit darunter leiden würde, dass einige vermeidbare Fehler im Text stehen bleiben.

Tipp

- Beginnen Sie mit der Korrektur erst, wenn Sie nach Fertigstellung Ihrer Arbeit mindestens eine Nacht geschlafen, also genügend **Abstand** gewonnen haben.
- Schreiten Sie bei der Überarbeitung vom **Großen zum Kleinen** voran: Prüfen Sie zunächst, ob die Grobstruktur Ihrer Arbeit stimmig ist (▶ „Beurteilungskriterien für eine Facharbeit", S. 95). Prüfen Sie dann gedankliche Zusammenhänge zwischen einzelnen Abschnitten und schließlich die einzelnen Formulierungen und die sprachliche Richtigkeit (Rechtschreibung, Zeichensetzung etc.).
- Überprüfen Sie abschließend, ob das **äußere Erscheinungsbild** Ihrer Arbeit ansprechend ist.

Grobstruktur und gedankliche Zusammenhänge

Viele Korrekturnotwendigkeiten im Bereich der Strukturierung Ihrer Arbeit haben Sie hoffentlich dadurch vermieden, dass Sie den Aufbau sorgfältig geplant und vorbereitet haben (▶ „Das Material ordnen", S. 56 ff.; „Eine Gliederung der Arbeit entwerfen", S. 67 f.).
Sollte die Überprüfung ergeben, dass die Grobgliederung Ihrer Arbeit nicht stimmig ist, überlegen Sie, wie sich Kapitel bzw. Abschnitte sinnvoll umstellen lassen. Denken Sie daran, diese Änderungen nicht nur im Text, sondern auch in der Inhaltsübersicht vorzunehmen. Achten Sie in jedem Fall darauf, dass bei Umstellungen oft gedankliche Übergänge zwischen den Abschnitten Ihres Textes angepasst werden müssen.

Sprachliche Überarbeitung – Die häufigsten Fehler

1. Inzwischen haben Sie lange Erfahrung mit eigenen Texten. Schauen Sie die folgende Liste (▶ S. 85 f.) durch und überlegen Sie, ob die dort aufgeführten Fehlertypen in Ihrer Facharbeit auftauchen könnten. In der zweiten Spalte finden Sie einige Tipps, wie Sie mit diesen Fehlern umgehen können.

2. Machen Sie in der rechten Spalte jeweils ein Kreuz, wenn Sie meinen, dass Sie Ihre Arbeit auf diese Fehlermöglichkeit hin durchsehen sollten. Machen Sie zusätzlich ein paar Notizen, wie Sie Ihr Problem angehen wollen.

3. Nutzen Sie die Tabelle dann als Checkliste für eine gründliche Kontrolle Ihrer Arbeit.

Fehlertyp	Tipps	Mein Problem
Umständlicher und langweiliger **Anfang**	Beginnen Sie Ihre Facharbeit mit ▪ einem interessanten Zitat zum Thema oder ▪ einer kurzen Schilderung eines aktuellen Anlasses oder ▪ einer Fragenkette, die wesentliche Fragestellungen Ihrer Arbeit beinhaltet.	
Fehlende oder falsche **Bezüge**	Durch nachträgliche Erweiterungen von Texten passiert es oft, dass Bezüge (z. B. von Personalpronomen) falsch oder unklar werden. Machen Sie einen besonderen Korrekturgang, in dem Sie Bezüge gezielt prüfen! Achten Sie darauf, dass die **logische Verknüpfung** Ihrer Aussagen stimmig ist! Prüfen Sie besonders Konjunktionen und sonstige Verknüpfungswörter (z. B. „aber"), mit denen ein bestimmter logischer Bezug (z. B. ein Gegensatz) behauptet wird. Manchmal gibt es einen solchen Bezug an dieser Stelle gar nicht. Arbeiten Sie Ihren Text dann entsprechend um.	
Falsche **Grammatik**	Verlassen Sie sich nicht darauf, dass Ihr PC Ihnen Grammatikfehler anzeigt! Fehlende und falsche Kasusendungen z. B., die beim Umbau von Sätzen am PC im Text irrtümlich stehen bleiben, werden von Rechtschreibprogrammen nicht erfasst. ▪ Überprüfen Sie insbesondere, ob alle Subjekte und Prädikate im Numerus (Einzahl/Mehrzahl) aufeinander abgestimmt sind, z. B.: „Eine *Vielzahl* von Autoren behaupte*t*, ..." ▪ Besondere Aufmerksamkeit verdienen Sätze, in denen zwei Subjekte verwendet werden. Achten Sie darauf, dass das Verb im Plural steht, z. B.: „Die Medien und die Öffentlichkeit *gehen* davon aus, ..." ▪ Achten Sie auch darauf, dass Appositionen und ihre Bezugswörter im gleichen Fall stehen, z. B.: „... meine*m* Gesprächspartner, de*m* Leiter des Archivs, ..."	
Unübersichtliche **Sätze**	Wenn Sie selbst beim Korrekturlesen einen Satz mehrfach lesen müssen, um seine Aussage zu erfassen, dann könnte er zu komplex sein. Prüfen Sie, ob sich ein solcher Satz in **kürzere Einheiten** auflösen lässt.	
Stilbrüche	In einer Facharbeit werden **standardsprachliche Formulierungen** von Ihnen erwartet. Umgangssprachliche Wendungen sind fehl am Platz. Falls Sie nicht sicher sind, ob ein Wort standardsprachlich ist, können Sie in einem Wörterbuch zur deutschen Rechtschreibung (z. B. im „Duden") nachschlagen. Umgangssprachliche Formulierungen werden dort mit „ugs." gekennzeichnet und sollten in der Facharbeit gemieden werden. Eine Alternative und zusätzliche Hilfe sind z. B. die Bände „Stilwörterbuch", „Sinn- und sachverwandte Wörter" und „Richtiges und gutes Deutsch" aus der Duden-Serie. Besorgen Sie sich einen solchen Band für den Korrekturdurchgang!	

Fehlertyp	Tipps	Mein Problem
Nominalstil	„… die Bewerkstelligung der Überarbeitung einer Facharbeit unter Mithilfe von Mitschülern …“ – das lässt sich nun wirklich einfacher und klarer ausdrücken: „…eine Facharbeit zusammen mit Mitschülern überarbeiten …“. Achten Sie darauf, nicht eine Vielzahl von Nomen mit Hilfe von Präpositionen zu verketten! Ein solcher Stil wirkt bürokratisch und wenig lebendig. Lösen Sie Sätze mit Nominalstil auf, indem Sie treffende Verben finden.	
Ungenauigkeiten oder Monotonie im **Ausdruck**	Sie können den in vielen Software-Programmen angebotenen **Thesaurus** nutzen, um Ihren Ausdruck zu verbessern. Mit dem Programm „Microsoft Word“ können Sie z. B. ein Wort markieren, in der obersten Leiste dann „Extras“ anklicken, den Mauszeiger auf „Sprache“ bringen und warten, bis ein weiteres Menü erscheint; dann „Thesaurus“ anklicken; evtl. „Ersetzen“ anklicken, wenn Sie eine bessere Alternative gefunden haben.	
Unverstandene und falsch verwendete **Fremdwörter**	Verfasser/innen von Facharbeiten übernehmen manchmal aus der Fachliteratur, die sie studiert haben, Fremdwörter, deren Sinn sich ihnen gar nicht recht erschlossen hat. Vermeiden Sie solche Übernahmen! Verwenden Sie Fremdwörter nur dann, wenn ihre Bedeutung Ihnen klar ist. Ersetzen Sie Fremdwörter durch muttersprachliche Wörter, wenn deren Sinn genauso klar und eindeutig ist.	
Falsche **Rechtschreibung**	Viele PC-Schreibprogramme zeigen Rechtschreibfehler an, z. B. durch rote Unterschlängelung. Diese Prüfung ist aber nicht zuverlässig. Einerseits werden auch richtig geschriebene Wörter markiert, wenn sie nicht im Rechtschreibprogramm gespeichert sind. Andererseits werden zahlreiche Fehler nicht erkannt, z. B. „das/dass“-Fehler, Fehler aus den Bereichen der Groß-/Kleinschreibung und der Getrennt-/Zusammenschreibung etc. Gehen Sie also jedem Fehlerhinweis Ihres Programms nach, konsultieren Sie aber darüber hinaus ein **Wörterbuch zur Rechtschreibung** („Duden“ etc.)!	
Falsche **Zeichensetzung**	Falsche Zeichensetzung bekommen Sie mit PC-Programmen nicht in den Griff. Schlagen Sie die einschlägigen Regeln z. B. im Einleitungsteil zum „Duden – Die deutsche Rechtschreibung“ nach und prüfen Sie insbesondere die Kommasetzung in Ihrer Arbeit in einem eigenen Korrekturgang.	

6.2 Die Endfassung gestalten

Was gehört wohin?

Wenn Sie die einzelnen Elemente Ihrer Facharbeit fertig gestellt haben, geht es darum, eine vernünftige Anordnung der Teile zu finden. Sie können sich an den folgenden Vorschlägen orientieren. Klären Sie aber vorher, ob Ihre Schule andere Vorgaben macht.

Teil der Arbeit	Elemente, die dort untergebracht werden können	Bemerkungen
Einleitungsteil	▮ Titelblatt	Das Titelblatt kann über die in der „Checkliste der formalen Anforderungen" (▶ S. 8) genannten Sachverhalte hinaus auch Namen und Adresse der Schule und den Namen des Betreuers/der Betreuerin der Arbeit enthalten (Muster auf ▶ S. 88).
	▮ Inhaltsverzeichnis	Das Inhaltsverzeichnis beginnt auf dem zweiten Blatt der Arbeit und kann evtl. einen Teil der Seite 3 in Anspruch nehmen. Die jeweiligen Restseiten bleiben frei.
	▮ Einleitung	
Hauptteil	▮ alle beschreibenden und analysierenden Ausführungen ▮ evtl. wichtige Auszüge aus Dokumenten, Interviews etc. ▮ evtl. ausgewähltes Bildmaterial ▮ wichtige Tabellen oder sonstige grafische Aufarbeitungen	Der Fließtext des Hauptteils sollte nicht durch zu umfangreiche Zitate bzw. Bild- oder Textdokumentationen unterbrochen werden. Konzentrieren Sie das Zitatmaterial auf kürzere Auszüge. Alles, was Sie wichtig finden, im Fließtext aber nicht unterbringen können, gehört in den Anhang (s. u.). Auch Bilder, Tabellen etc. sollten eher sparsam verwendet werden; sie können auf keinen Fall sprachliche Darstellungen ersetzen. Verwenden Sie Bilder in Ihrer Facharbeit nicht – wie in vielen Printmedien üblich – zu rein illustrativen Zwecken. Ein Bild sollte eine für die Arbeit wichtige Aussage beinhalten, sonst kann es entfallen.
Schluss	▮ wertende Aussagen ▮ Resümee zum Ertrag der Arbeit	
Anhang	1. Dokumente aller Art (Interviews in vollem Wortlaut, wichtige Dokumente, Bildmaterial)	Während Sie in den Fließtext des Hauptteils nur wichtige und kürzere Auszüge aus Textdokumenten oder Interviews einbauen können, sollte der volle Wortlaut von Interviews, die Sie geführt haben, im Anhang präsentiert werden. Das Gleiche gilt für komplette Textdokumente. Auch Bildmaterial, auf das Sie Bezug genommen haben und das im Hauptteil nicht untergebracht werden konnte, sollten Sie hier dokumentieren. Verzichten Sie allerdings darauf, z. B. ganze Zeitschriften oder sonstige umfangreichere Druckwerke in den Anhang aufzunehmen!
	2. Evtl. Internet-Materialien	Da die Prüfung von Intenet-Texten an der Quelle meist schwierig – und nach einiger Zeit manchmal gar nicht mehr möglich ist –, bestehen viele Fachlehrer/innen darauf, dass verwendete Internet-Quellen komplett ausgedruckt und im Anhang dokumentiert werden. Eine Alternative ist eine beigefügte Diskette mit Abspeicherungen der Texte.
	3. Quellen-/Literaturverzeichnis	Wenn Sie in Ihrem Verzeichnis nur Druckwerke aufgeführt haben, passt die Bezeichnung „Literaturverzeichnis"; falls Sie jedoch z. B. auch Bildquellen angeben müssen, wählen Sie besser die Bezeichnung „Quellenverzeichnis". Sie können Ihr Verzeichnis dann in „a) Literaturverzeichnis" und „b) Bildquellenverzeichnis" untergliedern. Prüfen Sie an dieser Stelle noch einmal, ob Sie in ihrem Literatur- bzw. Quellenverzeichnis alle im Fließtext verwendeten Titel tatsächlich aufgeführt haben! Einem umfangreichen Anhang können Sie evtl. ein gesondertes Inhaltsverzeichnis voranstellen.
	4. Selbstständigkeitserklärung	(▶ „Rahmenbedingungen klären", S. 9)

Gestaltungstipps

Tipp

- **Titelblatt:** Die Angaben auf dem Titelblatt können Sie mit Hilfe des PC **zentrieren.** Ihre Arbeit macht dann einen professionellen Eindruck.
- **Inhaltsverzeichnis:** Das Verzeichnis gestalten Sie am PC am besten mit Hilfe von **Tabulatoren,** damit Ziffern, Buchstaben und Textelemente exakt untereinanderstehen. Titelblatt und Inhaltsverzeichnis erhalten in der Regel keine Seitenzahl, werden aber bei der Zählung der folgenden Seiten berücksichtigt.
- **Fließtext:** In wissenschaftlichen Arbeiten ist es üblich, den Fließtext (also Einleitung, Hauptteil und Schluss) ohne Hervorhebungen zu präsentieren; kursive (schräg gestellte) Schrift ist für Textteile reserviert, die – wie längere eingerückte Zitate – optisch abgesetzt werden sollen. Fette Schrift wird nur für die Überschriften verwendet.
- **Überschriften:** Da die Überschriften beim Blättern eine rasche Orientierung ermöglichen sollen, werden sie **fett** gesetzt; außerdem ist ihre Schrift größer als die des Fließtextes. Achten Sie darauf, dass Haupt- und Nebenüberschriften in ihrer Größe die **Hierarchie** widerspiegeln, die Sie im Inhaltsverzeichnis (▶ Gliederungsbeispiele auf S. 67 f.) angelegt haben.

Muster eines Titelblatts

Muster-Schule
Goethestr. 1
11111 Schlaustadt

Facharbeit
im
Leistungskurs Deutsch
Klassenstufe 12
2010/2011

Betreuender Lehrer: Dr. Alexander Laborius

Talkshow

Nutzung und Bewertung
von Talkshow-Sendungen im Fernsehen
bei 13- bis 18-Jährigen in Schlaustadt

Lisa Super
Grassstr. 11
11111 Schlaustadt

28. Februar 2011

7 Die Arbeit präsentieren

7.1 Vorbereitung einer Präsentation

In Ihre Facharbeit haben Sie viel Arbeit gesteckt. Daher ist es nicht sinnvoll, die Ergebnisse nur dem Fachlehrer/der Fachlehrerin einzureichen und sie dann in die Schublade zu legen. Vielmehr sollten Sie überlegen, ob nicht eine größere Öffentlichkeit an Ihrer Arbeit interessiert sein könnte.

1. Prüfen Sie die Liste möglicher **Zielgruppen** für eine Präsentation auf ► S. 90f.

2. Wählen Sie für sich – oder zusammen mit Mitschülerinnen und Mitschülern bzw. mit Ihrem Kurs oder der ganzen Jahrgangsstufe – eine Öffentlichkeit aus, der die Ergebnisse Ihrer Facharbeit(en) präsentiert werden sollen.

3. Führen Sie sich die Adressatinnen und Adressaten Ihrer Präsentation genau vor Augen, indem Sie den folgenden Cluster ausfüllen.

interessieren sich für:

____

____

____

erreichbar über folgende Präsentationsformen:

____

____

____

Zielgruppe(n):

____

____

____

Sinnvolle inhaltliche Schwerpunkte:

____

____

____

____

____

____

7.2 Präsentationsformen

1 Prüfen Sie die methodischen Ideen in der folgenden Tabelle im Hinblick darauf, ob Sie für Ihr spezielles Thema bzw. die speziellen Themen Ihres Kurses von Interesse sind.

2 Notieren Sie in der rechten Spalte stichpunkthaft erste Umsetzungsideen.

Methodische Idee	Nutzbar für meine/unsere Facharbeit/en
▪ Zielgruppe: Eigener Kurs **Thesenvortrag** Sie präsentieren Ihre Arbeit in Form von etwa sechs bis zehn Thesen, die wesentliche Ergebnisse knapp wiedergeben. Sie machen die Thesen jeweils durch ein, zwei möglichst anschauliche und einleuchtende Beispiele plausibel. Ihre Arbeitsergebnisse sollten Sie frei vortragen. Das fällt Ihnen leichter, wenn Sie Ihren Vortrag auf Karteikarten oder Stichwortzettel und nicht auf einen komplett ausformulierten Text stützen. Falls Sie über interessante O-Ton-Materialien (z. B. Interviews) verfügen, können Sie Passagen daraus in Ihre Präsentation einfügen. Unterstützen Sie Ihren Vortrag außerdem durch Visualisierungstechniken wie Diagramme oder Tabellen (▶ S. 76 ff.).	
▪ Zielgruppe: Schulöffentlichkeit **a) Ausstellung mit Präsentationswänden oder Wandzeitungen** In Foyers, in Gängen und Fluren Ihrer Schule lassen sich Ausstellungen Ihrer Arbeitsergebnisse gestalten. Dabei sollten Sie mit flüchtigen Passanten rechnen, die durch besondere visuelle Reize auf die Präsentation aufmerksam gemacht werden müssen. Es ist besser, wenige optisch reizvolle Exponate auszustellen, als z. B. seitenweise Text auszuhängen. Ergebnisse Ihrer Arbeit sollten Sie – einem optischen Blickfang zugeordnet – in Thesen zusammenfassen und jeweils mit einem interessanten Detail belegen (▶ Thesenvortrag, s. o.). Zur Eröffnung Ihrer Ausstellung können Sie die Schulleitung, andere Fachlehrer/innen, Eltern, Bekannte, Mitschüler/innen und evtl. auch die lokalen Medien (Zeitungen, lokale Rundfunkstationen) einladen. **b) Schuljahrbuch oder Gesamtkatalog** Falls an Ihrer Schule eine jährliche Dokumentation erscheint, können Sie Auszüge aus Ihrer Arbeit für eine Veröffentlichung in diesem Rahmen einreichen. Möglich ist auch ein Gesamtkatalog der Schule mit interessanten Auszügen aus allen Arbeiten. **c) Schulbibliothek** Ihre Arbeiten können Sie – den jeweiligen Fachabteilungen zugeordnet – in die Schulbibliothek einstellen. Sie helfen damit nachfolgenden Jahrgängen, sich zu orientieren.	
▪ Zielgruppe: Örtliche Öffentlichkeit **Lokalzeitungen und Lokalradios** Da Zeitungen zunehmend Probleme haben, junge Leserinnen und Leser zu finden, sind sie oft für Sonderseiten und journalistische Projekte zu gewinnen, in denen Schülerinnen und Schüler die Hauptrolle spielen. Besonders dann, wenn Ihre Arbeit einen lokalen Bezug hat, können Sie an die örtlichen Medien herantreten und um eine (teilweise) Dokumentation Ihrer Arbeit nachsuchen. – Auch Lokalradios sind oft an einer solchen Zusammenarbeit interessiert. Das ist besonders dann der Fall, wenn bei der Vorbereitung Ihrer Arbeit O-Ton-Dokumente angefallen sind.	

Methodische Idee | **Nutzbar für meine/unsere Facharbeit/en**

▮ Zielgruppe: Überörtliche Öffentlichkeit

Homepage der Schule

Über die Homepage Ihrer Schule können Sie weltweit andere Schulen und sonstige Nutzerinnen und Nutzer erreichen. Machen Sie sich im Internet zunächst kundig, wie Schülerinnen und Schüler anderer Schulen ihre Facharbeiten oder vergleichbare Arbeitsergebnisse („Jugend forscht“ etc.) präsentieren. Wählen Sie das für Sie interessanteste Verfahren aus, um Ihre Arbeit (auszugsweise) ins Netz zu stellen.

Unterstützende Präsentationsverfahren

Diagramme und Mind-Maps

Spielt in Ihrer Facharbeit empirisches – und insbesondere statistisches – Material eine große Rolle, dann können Sie wesentliche Ergebnisse Ihrer Facharbeit in Form von Diagrammen präsentieren (► „Unterstützende Tabellen, Diagramme und Grafiken erstellen“, S. 76 ff.). Nutzen Sie dabei Variationsmöglichkeiten wie Kurven-, Balken-, Torten-, Blasendiagramme. Weitere Zusammenhänge oder Abläufe können Sie mit Hilfe von Netz-, Zweig-, Fluss- oder Baumdiagrammen sowie mit Mind-Maps (► S. 3 und S. 17) übersichtlich und zusammenfassend präsentieren.
Die Diagramme können auf Folien gezogen und mit Hilfe eines Overhead-Projektors präsentiert werden. Auch Powerpoint-Präsentationen sind möglich. Diagramme eignen sich auch sehr gut für Ausstellungen mit Stellwänden oder Wandzeitungen.

Tabellen

In diesem Heft haben Sie die vielfältigen Einsatzmöglichkeiten von Tabellen kennen gelernt. Nutzen Sie zwei- oder mehrspaltige Tabellen, um Informationen in gegliederter, logisch strukturierter und übersichtlicher Form zu präsentieren.

Pro-Kontra-Texte

Wenn Sie einen in der Öffentlichkeit kontrovers diskutierten Sachverhalt aufgearbeitet haben, können Sie widerstreitende Positionen in Form von kurzen Zitaten gegenüberstellen. Die Zitate präsentieren Sie auf einer Kopie oder auf Folie über einen Overhead-Projektor. Sie fordern Ihre Zuhörerinnen und Zuhörer auf, sich in dem per Zitate-Sammlung eröffneten Meinungsstreit zu positionieren. Anschließend präsentieren Sie das Ergebnis, zu dem Sie gekommen sind, sowie die dafür ausschlaggebenden Gründe.
Zum Schluss können Sie Ihre Zuhörer/innen noch einmal befragen, ob sich ihre Meinung durch die Präsentation verändert hat.

3 Planen Sie nun konkret eine Präsentation. Arbeiten Sie dabei evtl. mit anderen zusammen:

- Prüfen Sie zunächst die örtlichen und räumlichen Voraussetzungen für Ihre Präsentationsideen.
- Klären Sie, ob Sie die Materialien für eine Präsentation (Stellwände etc.) besorgen können.
- Erkundigen Sie sich, wen Sie für welche Präsentationsform um Erlaubnis fragen müssen.
- Überlegen Sie, welcher Zeitpunkt bzw. Zeitraum der günstigste wäre.
- Entscheiden Sie, ob und wann Einladungen zu Ihrer Präsentation verschickt werden müssten.

8 Den Arbeitsprozess reflektieren

8.1 Einen Arbeitsbericht verfassen

Tipp

Klären Sie mit Ihrem Fachlehrer/Ihrer Fachlehrerin, ob Sie dieses Arbeitsheft mit Ihren Eintragungen als Arbeitsbericht abgeben können.

Formen des Arbeitsberichts

Falls Sie der obigen Empfehlung, die Ihnen Zusatzarbeit erspart, nicht folgen wollen oder können, müssen Sie sich – in Absprache mit Ihrem Fachlehrer/Ihrer Fachlehrerin – für eine bestimmte Form des Arbeitsberichts entscheiden.

1. Machen Sie zu den dargestellten Möglichkeiten in der rechten Spalte spontan ein paar Notizen.
2. Schlagen Sie dann Ihrem Fachlehrer/Ihrer Fachlehrerin eines der beiden Verfahren für einen Arbeitsbericht vor.

Verfahren	Erläuterung	Mein Eindruck
Arbeitstagebuch/ Arbeitsjournal	Sobald Sie mit der Arbeit beginnen, notieren Sie Tag für Tag stichpunktartig, mit welchem Arbeitsschritt Sie wie lange beschäftigt waren. Sie notieren außerdem Zeitschriftenaufsätze, Bücher und Internetseiten, in denen Sie fündig geworden sind. Festhalten können Sie auch Titel, die Sie geprüft und verworfen haben. Auch Vereinbarungen mit dem Fachlehrer/der Fachlehrerin werden im Journal eingetragen.	
Regelmäßige Evaluation/ Arbeitsprozessbericht	In regelmäßigen Abständen, mindestens aber am Ende einer jeden Arbeitsphase (Planung, Informationsbeschaffung etc.) blicken Sie zurück und reflektieren Ihren Arbeitsprozess. Sie schätzen den Ertrag Ihrer Arbeit kritisch ein und ziehen Schlüsse. Welche Arbeiten sind warum gut gelungen? Was sollten Sie bei einem nächsten größeren Projekt dieser Art anders angehen? Wieso?	

8.2 Beratungsgespräche führen

Während Sie eine Facharbeit vorbereiten und schreiben, gibt es mindestens vier Anlässe für ein Beratungsgespräch. Solche Gespräche sollten Sie mit dem Fachlehrer/der Fachlehrerin rechtzeitig verbindlich vereinbaren. Nur so können Sie unnötige Verzögerungen Ihrer Arbeit oder gar Fehlentwicklungen vermeiden.

1. Setzen Sie in der folgenden Übersicht die entsprechenden Termine ein, sobald diese feststehen. Achten Sie dabei darauf, dass Sie Ihrem Arbeitsplan (▶ S. 28) folgen. Evtl. können Sie mit dem Fachlehrer/der Fachlehrerin sofort mehrere Termine vereinbaren, damit Sie den gesamten Arbeitsprozess von vornherein strukturieren.

2. Machen Sie sich nach jedem Gespräch ein paar Notizen. In der Hektik des Alltags werden wichtige Gesprächsergebnisse schnell vergessen. Sorgen Sie dafür, dass alle Absprachen mit Ihrem Fachlehrer/Ihrer Fachlehrerin dokumentiert werden.

Termin 1: Festsetzung des Themas

Nachdem Sie sich über die Rahmenbedingungen für Ihre Facharbeit informiert, Ihre persönliche Interessenlage geklärt, Ideen für die thematische Ausrichtung der Arbeit gesammelt und einen Vorschlag zur Eingrenzung des Themas erarbeitet haben (▶ S. 5–20), sollten Sie Ihre Überlegungen dem Fachlehrer/der Fachlehrerin ausführlich darlegen. Diese/r wird dann den genauen Wortlaut der Themenstellung festsetzen.

Vereinbarter Termin: ____________________

Absprachen und Festlegungen: ____________________

____

____

Termin 2: Abstimmung des Arbeitsplans

Inzwischen haben Sie sich Gedanken darüber gemacht, welche Informationsquellen Sie nutzen könnten und welche Arbeitsmethoden für Ihre Arbeit in Frage kommen (▶ S. 21–29). Tragen Sie dem Fachlehrer/der Fachlehrerin wieder Ihre Vorstellungen vor und prüfen Sie zusammen mit ihm/ihr kritisch, ob sich Ihre Pläne in dem angegebenen Zeitrahmen tatsächlich realisieren lassen.

Vereinbarter Termin: ____________________

Absprachen und Festlegungen: ____________________

____

____

Termin 3: Erörterung des Gliederungsentwurfs

Vor dem dritten Beratungstermin sollten Sie alle wesentlichen Daten und Materialien für Ihre Arbeit zusammengetragen, ausgewertet und schließlich eine detaillierte Gliederung Ihrer Arbeit entworfen haben. Sowohl wesentliche inhaltliche Aussagen als auch die Logik des Aufbaus Ihrer Arbeit sollten Ihnen klar sein (▶ S. 30–68). Sprechen Sie mit dem Fachlehrer/der Fachlehrerin besonders diejenigen Aspekte durch, in denen sich Ihrer Einschätzung nach noch Probleme verbergen könnten.

Vereinbarter Termin: ____________________

Absprachen und Festlegungen: ____________________

____

____

____

Termin 4: Beratung zu Schreib- und Gestaltungsschwierigkeiten

Vielleicht sind beim Schreiben von Textentwürfen bei einzelnen Kapiteln Ihrer Arbeit Probleme aufgetaucht. Vielleicht gibt es auch Schwierigkeiten, Zitate, Tabellen oder Diagramme sinnvoll in den Text zu integrieren (▶ S. 69–83). Anhand der ersten Textentwürfe könnten Sie auch festgestellt haben, dass der bisher geplante Umfang Ihrer Arbeit wohl nicht einzuhalten ist. In all diesen Fällen gibt es neuen Beratungsbedarf. Womöglich können Sie in diesem Gespräch auch bereits klären, wie und wo Ihre Arbeit präsentiert werden, in welcher Fassung sie eingereicht werden und wo das Abschlussgespräch stattfinden soll.

Vereinbarter Termin: ____________________

Absprachen und Festlegungen: ____________________

____

____

____

____

____

Termin für die Präsentation: ____________________

Termin für das Abschlussgespräch: ____________________

8.3 Beurteilungskriterien für eine Facharbeit

Sie können davon ausgehen, dass die in der folgenden Checkliste aufgeführten Gesichtspunkte bei der Beurteilung von Facharbeiten eine Rolle spielen werden. Vermutlich werden Fachlehrerinnen und Fachlehrer die einzelnen Gesichtspunkte allerdings unterschiedlich gewichten. In den Beratungsgesprächen werden Sie festgestellt haben, worauf Ihr Betreuer/Ihre Betreuerin besonderen Wert legt.

	Checkliste zur Beurteilung einer Facharbeit	Haken Sie ab:
Formales	Liegt die Arbeit **vollständig** und in einem erwartbaren Umfang vor?	
	Ist die Arbeit in **Schriftbild, Grobgliederung** (Fließtext, Anmerkungen, Quellenverzeichnis, Materialanhang) und **Seitenzählung** sorgfältig präsentiert?	
	Sind Vereinbarungen zur **Feingliederung** (gliedernde Abschnitte, Überschriften und Zwischenüberschriften, systematische Klassifikation der Abschnitte) eingehalten worden?	
	Sind typografische und **Layout-Vereinbarungen** (Satzspiegel mit Angaben zu Zeilenabstand, Schrifttyp, Seitenrändern etc.) eingehalten worden?	
	Ist die Arbeit **standardsprachlich** und in einem angemessenen Stil verfasst?	
	Sind die Ausführungen **sprachlich richtig** (Wortwahl, Grammatik, Orthografie und Zeichensetzung)?	
Methodik/ wissenschaftliche Arbeitsweise	Wurde das gewählte **methodische Vorgehen** dargestellt und reflektiert?	
	Ist der Verfasser/die Verfasserin um **Sachlichkeit** bemüht und nähert er/sie sich dem Untersuchungsgegenstand kritisch-distanziert?	
	Wurde die **fachliche Diskussion** zum Thema in angemessener Weise berücksichtigt? (Es kann nicht erwartet werden, dass der aktuelle fachliche Diskussionsstand umfassend berücksichtigt ist.)	
	Wurden Informationen **themenbezogen** beschafft und ausgewertet oder ufert die Darstellung aus?	
	Wurde das Material sach- und problemgerecht **gegliedert**?	
	Werden notwendige **Fachbegriffe** sinnvoll und in einem erwartbaren Umfang verwendet?	
	Sind **Zitate** wortgetreu und mit genauen Quellenangaben wiedergegeben und wurden **Verweise** korrekt vorgenommen?	
	Wurden **Quellen** regelmäßig und sachgerecht nachgewiesen?	
	Wird zwischen **Faktendarstellung,** der Wiedergabe von **Fremdpositionen** sowie **eigenen Thesen und Argumentationen** sprachlich sachgerecht unterschieden (z. B. durch Verwendung des Konjunktivs der indirekten Rede)?	
	Wurde der Ertrag der Arbeit präzise und prägnant **zusammengefasst?**	
	Liegt ein fachgerechtes **Quellenverzeichnis** vor?	
Inhaltlicher Ertrag	Wurde(n) die **zentrale(n) Fragestellung(en)** der Arbeit plausibel und zielgerichtet entfaltet?	
	Weist die Arbeit eine erwartbare **gedankliche Komplexität** auf?	
	Sind Sachverhalte **differenziert** oder eher einseitig und oberflächlich dargestellt worden?	
	Wurde ein angemessener Umfang themenspezifischer **Materialien** zusammengetragen?	
	Wurden die in der Fachliteratur, im Internet etc. gefundenen oder in der Lebenswelt recherchierten Materialien intensiv genug **ausgewertet?**	
	Ist die Auseinandersetzung mit dem recherchierten Material in sinnvoller Weise **strukturiert** oder eher planlos?	
	Sind eigene Positionen mit Materialien, Analysen und Argumentationen **begründet** worden?	
	Wurden Einzelaspekte immer angemessen in die **Gesamtthematik** der Arbeit eingeordnet?	

Sachregister

Texte, Themen und Strukturen • Arbeitsheft

Die Facharbeit: Von der Planung zur Präsentation

LÖSUNGEN

4 Informationen auswerten

4.1 Texte intensiv durcharbeiten

Einen Sachtext analysieren

►S. 49 **2** Mögliche Lösung:

Sprachliches Gerüst für ein Resümee

Dieser Auszug aus einer fachwissenschaftlichen Monografie richtet sich offensichtlich an ein gebildetes und fachlich interessiertes Publikum. Der Text setzt einige fachliche Kenntnisse voraus; Bezugswissenschaften sind Germanistik, Theologie und Ökologie. Autorin des Textes ist offensichtlich eine Wissenschaftlerin und Sachbuchautorin.

Die zentrale Fragestellung des Textes ist, auf welche Weise der Roman „Die letzte Welt" von Christoph Ransmayr Vergänglichkeit darstellt. Zu dieser Problemstellung trägt die Autorin die folgenden Hauptaussagen vor: Gehlhoff stellt fest, dass alle Bereiche des Romans von der Vergänglichkeitsthematik geprägt seien. Besonders auffällig seien Bezüge zu aktuellen Diskussionen um eine Klimakatastrophe aufgrund von Umweltschäden. Auch biblische Bezüge seien erkennbar. Im Roman werde gezeigt, wie die Natur sich im Zuge einer ökologischen Katastrophe auf eine für die Menschen schwer nachvollziehbare Weise wandle.

Der Text beginnt mit einer These. Anschließend werden mehrere Beispiele angeführt und erläutert.

Betrachtet man die Entstehungszeit und das gesellschaftliche Umfeld des Textes, so wird klar, dass es der Autorin auch darum geht, einen Beitrag zur Bewertung der neueren, ökologischen Variante der „Katastrophenliteratur" zu leisten. Die Autorin möchte einerseits ihren Erklärungsansatz begründen, andererseits gibt es aber auch Anhaltspunkte dafür, dass sie die im Roman zum Ausdruck kommende Denkweise und besonders die Vorstellung von einer drohenden Umweltkatastrophe kritisieren möchte, denn Formulierungen wie „Unablässig erstickende Fischschwärme" wirken leicht ironisch. Zudem spricht die Autorin davon, dass die Darstellungen des Romanautors „fast zum Klischee" gerieten.

Einen literarischen Text analysieren

▶ S. 51 **2** Im Folgenden sind diejenigen Aspekte aus dem Polaritätenprofil aufgeführt, die für den Romanauszug auf S. 51 besonders relevant sind.

Polaritätenprofil zu literarischen Texten

Vermittlungsinstanz in Ich-Form Ich-Erzähler		X	Vermittlungsinstanz in Er/Sie -Form Er/Sie-Erzähler
auktoriale (allwissende) Vermittlung		X	personale (durch die Perspektive einer Figur begrenzte) Sichtweise
Geschehen aus der Innenperspektive wiedergegeben	X		Geschehen aus der Außenperspektive wiedergegeben
einsträngiges Geschehen	X		mehrsträngiges Geschehen
Simultanhandlungen		X	aufeinander folgende Handlungen
zeitdeckend		X	(leicht) zeitraffend
kontinuierliche Vermittlung des Geschehens (linear)	X		diskontinuierliche Vermittlung des Geschehens (nichtlinear, episodisch, Zeitsprünge etc.)
atmosphärisch dicht (Zeit- und Milieukolorit)		X	Verzicht auf Milieu-/Zeitkolorit (überzeitliche Darstellung)
Held (gelingendes Lebenskonzept)	X		Antiheld (misslingendes Lebenskonzept)
wohlwollende Nähe zum Geschehen		X	(ironische oder sonstige) Distanzierung vom Geschehen
inneres Geschehen (Gedanken, Gefühle)	X		äußeres Geschehen (Handlungen, Gespräche)
szenische Entfaltung		X	zusammenfassender Bericht
besondere stilistische Anstrengungen (z. B. mit Hilfe rhetorischer Figuren oder durch auffällige Syntax)	X		keine auffällige Stilisierung

4.3 Das Material ordnen

An einem Beispiel arbeiten

▶ S. 59 **1** Mögliche Lösung:

Text 1: *Ein Egozentriker imitiert die Grablegung Jesu und begräbt sich selbst*
Text 2: *Jesus wird begraben*
Text 3: *Ein Größenwahnsinniger gestaltet die Welt nach seinem Geschmack*
Text 4: *Gott erschafft die Welt*
Text 5: *Biblische Bezüge in der Literatur werden immer weniger erkannt*
Text 6: *Die christliche Botschaft verfällt*
Text 7: *Die biblischen Plagen kommen zurück*
Text 8: *Das Leiden des Schlachtviehs ersetzt das Leiden Jesu*
Text 9: *Jesus erleidet einen qualvollen Tod*
Text 10: *Gott bestraft die Menschen mit einer großen Flut*
Text 11: *Ransmayr entwirft ein symbolhaft apokalyptisches Bild*
Text 12: *Es gibt mehrere urgeschichtliche Erzählungen von der Sintflut*
Text 13: *In den 80er-Jahren waren Literatur und Film von Endzeitbewusstsein geprägt*

►S. 59 **2** Mögliche Lösung:

Analytische Gesichtspunkte:

- *Biblische Motive in der Literatur der Postmoderne*
- *Biblische Motive im modernen Film*
- *Biblische Bezüge in Christoph Ransmayrs „Die letzte Welt"*
  - *a) Erfahrungen von gewaltsamem Tod in Roman und Bibel*
  - *b) Apokalyptische Erfahrungen in Roman und Bibel*
- *Biblische Bezüge in Patrick Süskinds „Das Parfum"*
  - *a) Die Figur des Grenouille und ihr ironisch präsentierter „göttlicher Schöpfungswille" (als Anspielung auf die Schöpfungsgeschichte)*
  - *b) Die Figur des Grenouille und ihr „Leiden" im selbst gewählten Scheintod (als Anspielung auf Leiden und Tod Jesu sowie seine Grablegung)*

5 Die Arbeit verfassen

5.2 Zitate und Verweise sachgerecht integrieren

Zitate

►S. 69 **1** **Zitat I:** Regeln A, C, E, F, G, K **Zitat II:** Regeln A, C, K, M **Zitat III:** Regeln A, C, D, H, K
Zitat IV: Regeln A, C, E, I, K, N **Zitat V:** Regeln A, B, C, G, K **Zitat VI:** Regeln A, C, F, K, M

►S. 69 **2** Das Zitat III verletzt die Regel A, denn es wurde das Wort „sogar" hinzugesetzt, das im Ausgangstext nicht zu finden ist.

Sprachliche Besonderheiten der Textwiedergabe – Konjunktiv der indirekten Rede und sprachliche Ersatzformen

►S. 74 **1** **Einsetzübung 1:**

Was die neuere (deutsche) „Katastrophenliteratur" *angehe*, so *manifestiere* sich insgesamt in ihr Totalität, Entropie und Irreversibilität als prägende Strukturmomente modernen Endzeitbewusstseins, erklärt die Autorin. Zweifelhaft *sei* sicherlich, ob diese „Endlosserie von Enden" bzw. das „Spiel mit der Apokalypse", worin sich ein entscheidendes Symptom postmoderner Literatur der 80er-Jahre-Dekade *wiederfinde*, noch als Gestus der Warnung ernst zu nehmen *sei* oder überhaupt als ein solcher *ernst genommen werden wolle*.

►S. 74 **2** **Einsetzübung 2:**

Der Vergleich der biblischen Erzählung mit den im alten Orient weit verbreiteten Erzählungen von einer urgeschichtlichen Menschheitskatastrophe durch eine „große Flut" ~~hilft~~ *helfe*, die Eigenart der biblischen Darstellung herauszuarbeiten. So ~~lässt~~ *lasse* sich im altorientalischen Atramhasis-Mythos Enlil, der Hauptgott des babylonischen Pantheons, in seinem Ärger über die Störung seines (Mittags-)Schlafes durch den Lärm der Menschen dazu hinreißen, in „kalter Gleichgültigkeit" die Vernichtung der Menschen zu beschließen. Erst nachdem die Götter grundlos und leichtfertig die Flut über die Menschen gebracht ~~haben~~ *hätten* und die Schrecken der Flut mit ansehen ~~müssen~~ *müssten*, ~~beklagen~~ *beklagten* sie ihren Beschluss. Die biblische Erzählung dagegen ~~sieht~~ *sehe* im Verhalten der Menschen den Grund für die Sintflut.

►S. 74 **2** **Einsetzübung 3:**

Die Verweise auf den Wandel der Welt zu ihrer Auflösung ~~deuten~~ *deuteten* sich, so Gehlhoff, in allen Bereichen des Romans an. Das Leitmotiv „Keinem bleibt seine Gestalt" ~~scheint~~ *scheine* für die gezeichneten Lebensräume – sowohl in der Ruinenstadt wie auch in der Residenz – Gesetz. Hier ~~dokumentieren~~ *dokumentierten* Dekadenz und Gehorsam einen fortschreitenden Verfall, die Auflösung der bestehenden Ordnung ~~ist~~ *sei* auch durch die Projektion einer Art von „Aussteigertum" angedeutet. Während das Bild Roms laut Gehlhoff jedoch eine an Pomp und diktatorischer Hybris erstickende Gesellschaft ~~zeigt~~ *zeige*, ~~wird~~ *werde* in der Gegenwelt Tomi mit der Gestaltung des Lokalkolorits die Konkretisierung einer ihrem Ende entgegensterbenden Stadt vollzogen. Die Autorin sagt, dass der latent dargestellte Verfall Tomis an einigen Textstellen expressiv in Szene gesetzt ~~wird~~ *werde* und in Anlehnung an die Untergangsvisionen ein symbolhaft apokalyptisches Bild suggeriert ~~wird~~ *werde*.

Info

Hinweis: In der indirekten Rede *kann* immer der Konjunktiv stehen, er ist niemals falsch. Es *muss* aber nicht immer der Konjunktiv verwendet werden, wenn andere Signale die indirekte Rede eindeutig anzeigen. Ein Ausdruck wie „so Gehlhoff" oder „laut Gehlhoff" kann als ausreichendes Signal für die indirekte Rede angesehen und der Indikativ gewählt werden. In wissenschaftlichen Texten ist allerdings die Verwendung des Konjunktivs anzuraten.

5.4 Ein Quellenverzeichnis anlegen

►S. 80 **1** **Quellenverzeichnis**

Bischöfliches Generalvikariat Trier (Hrsg.): Gesang- und Gebetbuch für das Bistum Trier, Trier 1955
Gehlhoff, Esther F.: Wirklichkeit hat ihren eigenen Ort: Lesarten und Aspekte zum Verständnis des Romans „Die letzte Welt" von Christoph Ransmayr, Paderborn/München/Wien 1998
Kaiser, Gerhard: Mutter Natur und die Dampfmaschine. Ein literarischer Mythos im Rückbezug auf Antike und Christentum, Freiburg 1991
Niehl, Franz W./Schöttler, Heinz-Günther: Der biblische Text (Gen 6,5–9,15). In: Materialbrief RU. Beiheft zu den Katechetischen Blättern, 2/1996, S. 3–5
Ransmayr, Christoph: Die letzte Welt. Roman, Frankfurt/Main 1991
Süskind, Patrick: Das Parfum. Die Geschichte eines Mörders, Zürich 1994

►S. 81 **2**

Typ der Quellenangabe	Nummern der Texte und Literaturangaben auf S. 61 ff.
Buch: Monografie (ein Autor)	1, 3, 5, 6, 7, 8, 11, 13
Buch: mehrere Autoren	
Buch: Sammelband mit Herausgeber(n)	2, 4, 9
Aufsatz aus Sammelband	
Zeitschriftenaufsatz	10, 12
Zeitungstext	
Archivfund	
mündliche Auskunft	
Fund aus dem Internet	

P953459/06